Wolfgang Amadeus Mozart

Die Zauberflöte - eine grosse Oper in zwei Aufzügen

1. Band

Wolfgang Amadeus Mozart

Die Zauberflöte - eine grosse Oper in zwei Aufzügen
1. Band

ISBN/EAN: 9783743445901

Hergestellt in Europa, USA, Kanada, Australien, Japan

Cover: Foto ©Thomas Meinert / pixelio.de

Manufactured and distributed by brebook publishing software (www.brebook.com)

Wolfgang Amadeus Mozart

Die Zauberflöte - eine grosse Oper in zwei Aufzügen

Die Zauberflöte.

Eine
große Oper in zwey Aufzügen.

Von
Emmanuel Schikaneder.

Die Musik ist von Herrn Wolfgang Amade Mozart, Kapellmeister, und wirklichem k. k. Kammer-Compositeur.

Frankfurt und Leipzig,
1794.

Personen.

Sarastro.
Tamino.
Sprecher.
Erster }
Zweyter } Priester.
Dritter }
Königinn der Nacht.
Pamina, ihre Tochter.
Erste }
Zweyte } Dame.
Dritte }
Drey Genien.
Papageno.
Ein altes Weib.
Monostatos, ein Mohr
Erster }
Zweyter } Sclave.
Dritter }
Priester, Sclaven, Gefolge.

Erster Aufzug.

Erster Auftritt.

Das Theater ist eine felsichte Gegend, hie und da mit Bäumen überwachsen; auf beyden Seiten sind gangbare Berge, nebst einem runden Tempel.

Tamino kommt in einem prächtigen japonischen Jagdkleide rechts von einem Felsen herunter, mit einem Bogen, aber ohne Pfeil; eine Schlange verfolgt ihn.

Introduction.

Tamino.

Zu Hülfe! zu Hülfe! sonst bin ich verloren,
Der listigen Schlange zum Opfer erkoren.
Barmherzige Götter! schon nahet sie sich;
Ach rettet mich! ach schützet mich!

Er fällt in Ohnmacht; sogleich öffnet sich die Pforte des Tempels; drey verschleyerte Damen kommen heraus; jede mit einem silbernen Wurfspieß.

Die drey Damen.

Triumpf! Triumpf! sie ist vollbracht
Die Heldenthat. Er ist befreyt
Durch unsers Armes Tapferkeit.

Erste Dame. (ihn betrachtend)

Ein holder Jüngling, sanft und schön.

Zweyte Dame.

So schön, als ich noch nie gesehn.

Dritte Dame.

Ja, ja! gewiß zum Mahlen schön.

Alle drey.

Würd' ich mein Herz der Liebe weih'n,
So müßt' es dieser Jüngling seyn.
Laßt uns zu unsrer Fürstinn eilen,
Ihr diese Nachricht zu ertheilen.
Vielleicht, daß dieser schöne Mann
Die vor'ge Ruh' ihr geben kann.

Erste Dame.

So geht und sagt es ihr!
Ich bleib' indessen hier.

Zweyte Dame.

Nein, nein! geht ihr nur hin;
Ich wache hier für ihn.

Dritte Dame.

Nein, nein! das kann nicht seyn!
Ich schütze ihn allein.

Alle drey. (jede für sich.)

Ich sollte fort? Ey, ey! wie fein!
Sie wären gern bey ihm allein.
Nein, nein! das kann nicht seyn.

(Eine nach der andern, dann alle drey zugleich.)

Was wollte ich darum nicht geben,
Könnt' ich mit diesem Jüngling leben!
Hätt' ich ihn doch so ganz allein!
Doch keine geht; es kann nicht seyn.
Am besten ist es, nun ich geh'.
Du Jüngling, schön und liebevoll!

Du

Du trauter Jüngling, lebe wohl,
Bis ich dich wieder seh'.

(Sie gehen alle drey zur Pforte des Tempels ab, die sich selbst öffnet und schließt.)

Tamino. (erwacht, sieht furchtsam umher.) Wo bin ich! Ist's Fantasie, daß ich noch lebe? oder hat eine höhere Macht mich gerettet? (steht auf, sieht umher.) Wie? — Die bösartige Schlange liegt todt zu meinen Füßen? — (man hört von fern ein Waldflötchen, worunter das Orchester piano accompagnirt. Tamino spricht unter dem Ritornel.) Was hör' ich? Wo bin ich? Welch' unbekannter Ort! — Ha, eine männliche Figur nähert sich dem Thal. (versteckt sich hinter einem Baum.)

Zweyter Auftritt.

Papageno kommt den Fußsteig herunter, hat auf dem Rücken eine große Vogelsteige, die hoch über den Kopf geht, worin verschiedene Vögel sind; auch hält er mit beyden Händen ein Faunen-Flötchen, pfeift und singt.

Arie.

Der Vogelfänger bin ich ja,
Stets lustig, heißa! hopsasa!
Der Vogelfänger ist bekannt
Bey Alt und Jung im ganzen Land.
Weis mit dem Locken umzugehn,
Und mich aufs Pfeifen zu verstehn.
Drum kann ich froh und lustig seyn;
Denn alle Vögel sind ja mein. (pfeift.)

* * *

Der Vogelfänger bin ich ja,
Stets lustig, heißa! hopsasa!

Der Vogelfänger ist bekannt
Bey Alt und Jung im ganzen Land.
Ein Netz für Mädchen möchte ich;
Ich fieng' sie Dutzendweis für mich.
Dann sperrte ich sie bey mir ein,
Und alle Mädchen wären mein.
(Pfeift, will nach der Arie nach der Pforte gehen.)

Tamino. (nimmt ihn bey der Hand.) He da!

Papageno. Was da!

Tamino. Sag' mir, du lustiger Freund, wer du seyst?

Papag. Wer ich bin? (für sich) Dumme Frage! (laut) Ein Mensch, wie du. — Wenn ich dich nun fragte, wer du bist?

Tamino. So würde ich dir antworten, daß ich aus fürstlichem Geblüte bin.

Papag. Das ist mir zu hoch. — Mußt dich deutlicher erklären, wenn ich dich verstehen soll!

Tamino. Mein Vater ist Fürst, der über viele Länder und Menschen herrscht; darum nennt man mich Prinz.

Papag. Länder? — Menschen? — Prinz? —

Tamino. Daher frag' ich dich! —

Papageno. Langsam! laß mich fragen! — Sag' du mir zuvor: Giebt's außer diesen Bergen auch noch Länder und Menschen?

Tamino. Viele Tausende!

Papag. Da ließ sich eine Speculation mit meinen Vögeln machen.

Tamino. Nun sag' du mir, in welcher Gegend wir sind. —

Papag.

Papag. In welcher Gegend? (sieht sich um.) Zwischen Thälern und Bergen.

Tamino. Schon recht! aber wie nennt man eigentlich diese Gegend? wer beherrscht sie? —

Papag. Das kann ich dir eben so wenig beantworten, als ich weiß, wie ich auf die Welt gekommen bin.

Tamino. (lacht) Wie? Du wüßtest nicht, wo du geboren, oder wer deine Eltern waren? — —

Papag. Kein Wort! — Ich weiß nicht mehr und nicht weniger, als daß mich ein alter, aber sehr lustiger Mann auferzogen, und ernährt hat.

Tamino. Das war vermuthlich dein Vater? —

Papag. Das weiß ich nicht.

Tamino. Hattest du denn deine Mutter nicht gekannt?

Papag. Gekannt hab' ich sie nicht; erzählen ließ ich mir's einige Mahl, daß meine Mutter einst da in diesem verschlossenen Gebäude bey der nächtlich sternflammenden Königinn gedient hätte. — Ob sie noch lebt, oder was aus ihr geworden ist, weiß ich nicht. — Ich weiß nur soviel, daß nicht weit von hier meine Strohhütte steht, die mich vor Regen und Kälte schützt.

Tamino. Aber wie lebst du?

Papag. Von Essen und Trinken, wie alle Menschen.

Tamino. Wodurch erhältst du das?

Papag.

Papag. Durch Tausch. — Ich fange für die sternflammende Königinn und ihre Jungfrauen verschiedene Vögel; dafür erhalt' ich täglich Speiß und Trank von ihr.

Tamino. (für sich) Sternflammende Königinn! — Wenn es etwa gar die mächtige Herrscherinn der Nacht wäre! — Sag' mir, guter Freund! warst du schon so glücklich, diese Göttin der Nacht zu sehen?

Papag. (der bisher öfters auf seiner Flöte geblasen.) Deine letzte alberne Frage überzeugt mich, daß du aus einem fremden Lande geboren bist. —

Tamino. Sey darüber nicht ungehalten, lieber Freund: ich dachte nur —

Papageno. Sehen? — Die sternflammende Königinn sehen? — Wenn du noch mit einer solchen albernen Frage an mich kommst, so sperr' ich dich, so wahr ich Papageno heiße, wie einen Gimpel in mein Vogelhaus, verhandle dich dann mit meinen übrigen Vögeln an die nächtliche Königinn und ihre Jungfrauen; dann mögen sie dich meinetwegen sieden oder braten.

Tamino. (für sich) Ein wunderlicher Mann!

Papageno. Sehen? — Die sternflammende Königinn sehen? — Welcher Sterbliche kann sich rühmen, sie je gesehen zu haben? — Welches Menschen Auge würde durch ihren schwarz durchwebten Schleyer blicken können?

Tamino.

Tamino (für sich) Nun ist's klar; es ist eben diese nächtliche Königinn, von der mein Vater mir so oft erzählte. — Aber zu fassen, wie ich mich hieher verirrte, ist außer meiner Macht. — Unfehlbar ist auch dieser Mann kein gewöhnlicher Mensch. — Vielleicht einer ihrer dienstbaren Geister.

Papaa. (für sich) Wie er mich so starr anblickt! bald fang' ich an, mich vor ihm zu fürchten. — Warum siehst du so verdächtig und schelmisch nach mir?

Tamino. Weil — weil ich zweifle, ob du Mensch bist. —

Papag. Wie war das?

Tamino. Nach deinen Federn, die dich bedecken, halt' ich dich — (geht auf ihn zu.)

Papag. Doch für keinen Vogel? — Bleib zurück, sag' ich, und traue mir nicht; denn ich habe Riesenkraft, wenn ich jemand packe. — Wenn er sich nicht bald von mir schrecken läßt, so lauf' ich davon.

Tamino. Riesenkraft? (er sieht auf die Schlange.) Also warst du wohl gar mein Erretter, der diese giftige Schlange bekämpfte?

Papag. Schlange! (sieht sich um, weicht zitternd einige Schritte zurück.) Was da! ist sie todt, oder lebendig?

Tamino. Du willst durch deine bescheidene Frage meinen Dank ablehnen — aber ich muß dir sagen,

sagen, daß ich ewig für deine so tapfre Handlung dankbar seyn werde.

Papag. Schweigen wir davon still — Freuen wir uns, daß sie glücklich überwunden ist.

Tamino. Aber um alles in der Welt, Freund, wie hast du dieses Ungeheuer bekämpft? — Du bist ohne Waffen.

Papag. Brauch' keine! — Bey mir ist ein starker Druck mit der Hand mehr, als Waffen.

Tamino. Du hast sie also erdrosselt?

Papag. Erdrosselt! (für sich) Bin in meinem Leben nicht so stark gewesen, als heute.

Dritter Auftritt.

Die drey Damen.

Die drey Damen. (drohen und rufen zugleich) Papageno!

Papag. Aha! das geht mich an. — Sieh dich um, Freund!

Tamino. Wer sind diese Damen?

Papag. Wer sie eigentlich sind, weis ich selbst nicht. — Ich weis nur so viel, daß sie mir täglich meine Vögel abnehmen, und mir dafür Wein, Zuckerbrod und süße Feigen bringen.

Tamino. Sie sind vermuthlich sehr schön?

Papag. Ich denke nicht! — — denn wenn sie schön wären, würden sie ihre Gesichter nicht bedecken.

Die drey Damen. (drohend) Papageno!

Papag. Sey still! sie drohen mir schon. — Du fragst, ob sie schön sind, und ich kann dir darauf nichts antworten, als daß ich in meinem Leben nichts Reitzenders sah'. — Jetzt werden sie bald wieder gut werden. — —

Die drey Damen. (drohend) Papageno! —

Papag. Was muß ich denn heute verbrochen haben, daß sie gar so aufgebracht wider mich sind? — Hier, meine Schönen, übergeb' ich meine Vögel.

Erste Dame. (reicht ihm eine schöne Bouteille Wasser.) Dafür schickt dir unsre Fürstinn heute zum ersten mahl statt Wein reines helles Wasser.

Zweyte Dame. Und mir befahl sie, daß ich, statt Zuckerbrod, diesen Stein dir überbringen soll. — Ich wünsche, daß er dir wohl bekommen möge.

Papag. Was? Steine soll ich fressen?

Dritte Dame. Und statt der süßen Feigen hab' ich die Ehre, dir dies goldene Schloß vor den Mund zu schlagen. (sie schlagt ihm das Schloß vor.)

Papag. (hat seinen Scherz durch Geberden.)

Erste Dame. Du willst vermuthlich wissen, warum die Fürstinn dich heute so wunderbar bestraft?

Papag. (bejaht es.)

Zweyte Dame. Damit du künftig nie mehr Fremde belügst.

Dritte Dame. Und daß du nie dich der Heldenthaten rühmst, die andre vollzogen. —

Erste Dame. Sag' an! Hast du diese Schlange bekämpft?

Papag. (deutet nein.)

Zweyte Dame. Wer denn also?

Papag. (deutet, er wiße es nicht.)

Dritte Dame. Wir waren's, Jüngling, die dich befreyten. — Zittre nicht! dich erwartet Freude und Entzücken. — Hier, dies Gemälde schickt dir die große Fürstinn; es ist das Bildniß ihrer Tochter — findest du, sagte sie, daß diese Züge dir nicht gleichgültig sind, dann ist Glück, Ehr' und Ruhm dein Loos. — Auf Wiedersehen.

(geht ab.)

Zweyte Dame. Adieu, Monsieur Papageno!

(geht ab.)

Erste Dame. Fein nicht zu hastig getrunken!

(geht lachend ab.)

Papag. (hat immer sein stummes Spiel gehabt.

Tamino. (ist gleich bey Empfange des Bildnisses aufmerksam geworden; seine Liebe nimmt zu, ob er gleich für alle diese Reden taub schien.)

Vierter

Vierter Auftritt.

Tamino, Papageno.

Tamino.

Arie.

Dies Bildniß ist bezaubernd schön,
Wie noch kein Auge je geseh'n!
Ich fühl' es, wie dies Götterbild
Mein Herz mit neuer Regung füllt.
Dieß Etwas kann ich zwar nicht nennen;
Doch fühl' ich's hier wie Feuer brennen.
Soll die Empfindung Liebe seyn?
Ja, ja! die Liebe ist's allein. —
O wenn ich sie nur finden könnte!
O wenn sie doch schon vor mir stände!
Ich würde — würde — warm und rein —
Was würde ich! — Sie voll Entzücken
An diesen heißen Busen drücken,
Und ewig wäre sie dann mein. (will ab.)

Fünfter Auftritt.

Die drey Damen, Vorige.

Erste Dame. Rüste dich mit Muth und Standhaftigkeit, schöner Jüngling! — Die Fürstinn —

Zweyte Dame. Hat mir aufgetragen, dir zu sagen —

Dritte Dame. Daß der Weg zu deinem künftigen Glücke nunmehr gebahnt sey.

Erste Dame. Sie hat jedes deiner Worte gehört, so du sprachst; — sie hat —

Zweyte Dame. Jeden Zug in deinem Gesichte gelesen. — Ja noch mehr, ihr mütterliches Herz —

Dritte Dame. Hat beschlossen, dich ganz glücklich zu machen. — Hat dieser Jüngling, sprach sie, auch so viel Muth und Tapferkeit, als er zärtlich ist, o so ist meine Tochter ganz gewiß gerettet.

Tamino. Gerettet? O ewige Dunkelheit! was hör' ich? — Das Original?

Erste Dame. Hat ein mächtiger, böser Dämon ihr entrissen.

Tamino. Entrissen? — O ihr Götter! — sagt, wie konnte das geschehen?

Erste Dame. Sie saß an einem schönen Mayentage ganz allein in dem alles belebenden Cipressenwäldchen, welches immer ihr Lieblingsaufenthalt war. — Der Bösewicht schlich unbemerkt hinein —

Zweyte Dame. Belauschte sie, und —

Dritte Dame. Er hat neben seinem bösen Herzen auch noch die Macht, sich in jede erdenkliche Gestalt zu verwandeln; auf solche Weise hat er auch Pamina —

Erste Dame. Dieß ist der Name der königlichen Tochter, so ihr anbetet.

Tamino.

Tamino. O Pamina! du mir entrissen — du in der Gewalt eines üppigen Bösewichts! — bist vielleicht in diesem Augenblicke — schrecklicher Gedanke!

Die drey Damen. Schweig, Jüngling! — —

Erste Dame. Lästre der holden Schönheit Tugend nicht! — Trotz aller Pein, so die Unschuld duldet, ist sie sich immer gleich. — Weder Zwang, noch Schmeicheley ist vermögend, sie zum Wege des Lasters zu verführen. — —

Tamino. O sagt, Mädchen! sagt, wo ist des Tyrannen Aufenthalt?

Zweyte Dame. Sehr nahe an unsern Bergen lebt er in einem angenehmen und reizenden Thale. — Seine Burg ist prachtvoll, und sorgsam bewacht.

Tamino. Kommt, Mädchen! führt mich! — Pamina sey gerettet! — Der Bösewicht falle von meinem Arm; das schwör ich bey meiner Liebe, bey meinem Herzen! — (sogleich wird ein heftig erschütternder Accord mit Musik gehört.) Ihr Götter! was ist das?

Die drey Damen. Fasse dich!

Erste Dame. Es verkündigt die Ankunft unserer Königinn. (Donner.)

Die drey Damen. Sie kommt! — (Donner) Sie kommt! — — (Donner) Sie kommt! —

Sechster

Sechster Auftritt.

Die Berge theilen sich aus einander, und das Theater verwandelt sich in ein prächtiges Gemach. Die Königinn sitzt auf einem Thron, welcher mit transparenten Sternen geziert ist.

Königinn.

Recitativ.

O zittre nicht, mein lieber Sohn!
Du bist unschuldig, weise, fromm;
Ein Jüngling, so wie du, vermag am besten,
Dies tief betrübte Mutterherz zu trösten.

Arie.

Zum Leiden bin ich auserkohren;
Denn meine Tochter fehlet mir,
Durch sie gieng all mein Glück verloren —
Ein Bösewicht entfloh mit ihr.
Noch seh' ich ihr Zittern
Mit bangem Erschüttern,
Ihr ängstliches Beben,
Ihr schüchternes Streben.
Ich mußte sie mir rauben sehen,
Ach helft! war alles was sie sprach;
Allein vergebens war ihr Flehen,
Denn meine Hülfe war zu schwach.

Allegro.

Du wirst sie zu befreyen gehen,
Du wirst der Tochter Retter seyn.
Und werd ich dich als Sieger sehen,
So sey sie dann auf ewig dein.

(mit den drey Damen ab.)

Siebenter

Siebenter Auftritt.

Tamino, Papageno.

Das Theater verwandelt sich wieder so, wie es vorher war.

Tamino. (nach einer Pause) Ists denn auch Wirklichkeit, was ich sah? oder betäubten mich meine Sinnen? — O ihr guten Götter, täuscht mich nicht! oder ich unterliege eurer Prüfung. — Schützet meinen Arm, stählt meinen Muth, und Taminos Herz wird ewigen Dank euch entgegen schlagen. (er will gehen, Papageno tritt ihm in den Weg.)

Quintetto.

Papageno.
(deutet traurig auf sein Schloß am Munde.)
Hm! Hm! Hm! Hm! Hm! Hm! Hm! Hm!

Tamino.
Der Arme kann von Strafe sagen, —
Denn seine Sprache ist dahin.

Papageno.
Hm! Hm! Hm! Hm! Hm! Hm! Hm! Hm!

Tamino.
Ich kann nichts thun, als dich beklagen,
Weil ich zu schwach zu helfen bin.

(Während Tamino die letzten Strophen wiederholt, singt Papageno mit unter.)
Hm! Hm! Hm! Hm! Hm! Hm! Hm! Hm!

Achter Auftritt.

Die drey Damen, Vorige.

Erste Dame.
Die Königinn begnadigt dich!
(nimmt ihm das Schloß vom Munde.)
Entläßt die Strafe dir durch mich.

Papageno.
Nun plaudert Papageno wieder!

Zweyte Dame.
Ja plaudre! — Lüge nur nicht wieder.

Papageno.
Ich lüge nimmermehr! Nein! Nein!

Die drey Damen mit ihm.
Dies Schloß soll ($\begin{smallmatrix}\text{meine}\\\text{deine}\end{smallmatrix}$) Warnung seyn. -

Alle Fünf.
Bekämen doch die Lügner alle
Ein solches Schloß vor ihren Mund:
Statt Haß, Verläumdung, schwarzer Galle,
Bestünde Lieb' und Bruderbund.

Erste Dame.
(sie giebt ihm eine goldene Flöte.)
O Prinz, nimm dies Geschenk von mir!
Dies sendet unsre Fürstinn dir!
Die Zauberflöte wird dich schützen,
Im größten Unglück unterstützen.

Die

Die drey Damen.

Hiemit kannst du allmächtig handeln,
Der Menschen Leidenschaft verwandeln.
Der Traurige wird freudig seyn,
Den Hagestolz nimmt Liebe ein.

Alle Fünf.

O so eine Flöte ist mehr als Gold und Kronen werth.
Denn durch sie wird Menschenglück und Zufriedenheit
vermehrt.

Papageno.

Nun ihr schönen Frauenzimmer,
Darf ich — so empfehl ich mich.

Die drey Damen.

Dich empfehlen kannst du immer,
Doch bestimmt die Fürstinn dich
Mit dem Prinzen ohn' Verweilen
Nach Sarastros Burg zu eilen.

Papageno.

Nein, dafür bedank ich mich!
Von euch selbsten hörte ich,
Daß er wie ein Tigerthier.
Sicher ließ ohn' alle Gnaden
Mich Sarastro rupfen, braten,
Sezte mich den Hunden für.

Die drey Damen.

Dich schützt der Prinz, trau ihm allein!
Dafür sollst du sein Diener seyn.

Papageno. (für sich)
Daß doch der Prinz beym Teufel wäre,
Mein Leben ist mir lieb.
Am Ende schleicht, bey meiner Ehre,
Er von mir wie ein Dieb.

Erste Dame.
Hier nimm dies Kleinod, es ist dein.
(giebt ihm eine Maschine wie ein hölzernes Gelächter.)

Papageno.
Ey! Ey! was mag darinnen seyn?

Dritte Dame.
Darinnen hörst du Glöckchen tönen.

Papageno.
Werd' ich sie auch wohl spielen können?

Die drey Damen.
O ganz gewiß! Ja, ja, gewiß.

Alle Fünf.
Silber=Glöckchen, Zauberflöten,
Sind zu $\begin{pmatrix} \text{eurem} \\ \text{unserm} \end{pmatrix}$ Schutz vonnöthen.
Lebet wohl! wir wollen gehen,
Lebet wohl! auf Wiedersehen.
(Alle wollen gehen.)

Tamino, Papageno.
Doch schöne Damen saget an!
Wie man die Burg wohl finden kann.

Die drey Damen.

Drey Knäbchen, jung, schön, hold und weise,
Umschweben euch auf eurer Reise,
Sie werden eure Führer seyn,
Folgt ihrem Rathe ganz allein.

Tamino, Papageno.

Drey Knäbchen, jung, schön, hold und weise,
Umschweben uns auf unsrer Reise.

Alle Fünf.

So lebet wohl! wir wollen gehen,
Lebt wohl! lebt wohl! auf Wiedersehen.

(Alle ab.)

Neunter Auftritt.

Zwey Sclaven tragen, sobald das Theater in ein prächtiges ägyptisches Zimmer verwandelt ist, schöne Polster nebst einem prächtigen turkischen Tisch heraus, breiten Teppiche auf, sodann kommt der dritte Sclav.

Dritter Sclav. Ha, ha, ha!

Erster Sclav. Pst, Pst!

Zweyter Sclav. Was soll denn das Lachen? —

Dritter Sclav. Unser Peiniger, der alles belauschende Mohr, wird morgen sicherlich gehangen oder gespießt. — Pamina! — Ha, ha, ha!

Erster Sclav. Nun?

Dritter Sclav. Das reizende Mädchen! — Ha, ha, ha!

Zweyter Sclav. Nun?

Dritter Sclav. Ist entsprungen.

Erster und zweyter Sclav. Entsprungen? — —

Erster Sclav. Und sie entkam?

Dritter Sclav. Unfehlbar! — Wenigstens ist's mein wahrer Wunsch.

Erster Sclav. O Dank euch ihr guten Götter! ihr habt meine Bitte erhört.

Dritter Sclav. Sagt ich euch nicht immer, es wird doch ein Tag für uns scheinen, wo wir gerochen und der schwarze Monostatos bestraft werden wird.

Zweyter Sclav. Was spricht nun der Mohr zu der Geschichte?

Erster Sclav. Er weiß doch davon?

Dritter Sclav. Natürlich; Sie entlief vor seinen Augen. — Wie mir einige Brüder erzählten, die im Garten arbeiteten, und von weitem sahen und hörten, so ist der Mohr nicht mehr zu retten; auch wenn Pamina von Sarastros Gefolge wieder eingebracht würde.

Erster und zweyter Sclav. Wie so?

Dritter Sclav. Du kennst ja den üppigen Wanst und seine Weise; das Mädchen aber war klüger als ich dachte. — In dem Augenblicke, da er zu siegen glaubte, rief sie Sarastros Namen: das erschütterte den Mohren; er blieb stumm und unbeweglich stehen — indeß lief Pamina nach dem Kanal, und schiffte von selbst in einer Gondel dem Palmwäldchen zu.

Erster

Erster Sclav. O wie wird das schüchterne Reh mit Todesangst dem Pallaste ihrer zärtlichen Mutter zueilen.

Zehnter Auftritt.

Vorige, Monostatos (von innen.)

Monost. He Sclaven!

Erster Sclav. Monostatos Stimme!

Monost. He Sclaven! Schaft Fesseln herbey! —

Die drey Sclaven Fesseln?

Erster Sclav. (lauft zur Seitenthüre) Doch nicht für Pamina? O ihr Götter! da seht Brüder, das Mädchen ist gefangen.

Zweyter und dritter Sclav. Pamina? — Schrecklicher Anblick!

Erster Sclav. Seht wie der unbarmherzige Teufel sie bey ihren zarten Händchen faßt. — Das halt ich nicht aus. (geht auf die andere Seite ab.)

Zweyter Sclav. Ich noch weniger. — (auch dort ab.

Dritter Sclav. So was sehen zu müssen, ist Höllenmarter. (ab.)

Elfter Auftritt.

Monostatos, Pamina, (die von Sclaven herein geführt wird.)

Terzetto.

Monostatos (sehr schnell.)

Du feines Täubchen, nur herein.

Pamina.

O welche Marter! welche Pein!

Monostatos.

Verloren ist dein Leben.

Pamina.

Der Tod macht mich nicht beben,
Nur meine Mutter dauert mich;
Sie stirbt vor Gram ganz sicherlich.

Monostatos.

He Sclaven! legt ihr Fesseln an,
Mein Haß soll dich verderben.
(Sie legen ihr Fesseln an.)

Pamina.

O laß mich lieber sterben,
Weil nichts, Barbar! dich rühren kann.
(Sie sinkt ohnmächtig auf ein Sofa.)

Monostatos.

Nun fort! laßt mich bey ihr allein.
(die Sclaven ab.)

Zwölf-

Zwölfter Auftritt.

Papageno von außen am Fenster, ohne gleich gesehen zu werden. Vorige.

Papageno.

Wo bin ich wohl? wo mag ich seyn?
Aha! da find ich Leute;
Gewagt! ich geh herein. (geht herein.)
Schön Mädchen, jung und fein,
Viel weißer noch als Kreide.
(Monostatos und Papageno besehen sich, — erschrecken einer über den andern.)

Beyde.

Hu! Das — ist — der — Teuf — el — sich — er — lich!
Hab Mitleid und verschone mich!
Hu! Hu! Hu!
(Laufen beyde ab.)

Dreyzehnter Auftritt.

Pamina (allein.)

Pamina. (spricht wie im Traum.) Mutter — Mutter — Mutter! — (sie erholt sich, sieht sich um.) Wie? — Noch schlägt dieses Herz? — Noch nicht vernichtet? — Zu neuen Qualen erwacht? — O das ist hart, sehr hart! — Mir bitterer, als der Tod.

Vier-

Vierzehnter Auftritt.

Papageno, Pamino.

Papag. Bin ich nicht ein Narr, daß ich mich schrecken ließ? — Es giebt ja schwarze Vögel in der Welt, warum denn nicht auch schwarze Menschen? — Ah, sieh da! hier ist das schöne Fräuleinbild noch. — Du Tochter der nächtlichen Königinn!

Pamina. Nächtliche Königinn? — Wer bist du?

Papag. Ein Abgesandter der sternflammenden Königinn.

Pamina. (freudig) Meiner Mutter? — O Wonne! — Dein Name!

Papag. Papageno.

Pamina. Papageno? — Papageno — Ich erinnere mich den Namen oft gehört zu haben, dich selbst aber sah ich nie. —

Papag. Ich dich eben so wenig.

Pamina. Du kennst also meine gute, zärtliche Mutter?

Papag. Wenn du die Tochter der nächtlichen Königinn bist — ja!

Pamina. O ich bin es.

Papag. Das will ich gleich erkennen. (Er sieht das Porträt an, welches der Prinz zuvor empfangen, und Papageno nun an einem Bande am Halse trägt.) Die Augen schwarz — richtig, schwarz. — Die Lippen roth — richtig, roth. — Blonde Haare — blonde Haare.

Haare. — Alles trift ein, bis auf Händ und Füße. — — — Nach dem Gemählde zu schließen, sollst du weder Hände noch Füße haben; denn hier sind auch keine angezeigt.

Pamina. Erlaube mir — Ja ich bin's — Wie kam es in deine Hände?

Papag. Dir das zu erzählen, wäre zu weitläufig; es kam von Hand zu Hand.

Pamina. Wie kam es in die deinige?

Papag. Auf eine wunderbare Art. — Ich habe es gefangen.

Pamina. Gefangen?

Papag. Ich muß dir das umständlicher erzählen. — Ich kam heute früh, wie gewöhnlich, zu deiner Mutter Pallast mit meiner Lieferung. —

Pamina. Lieferung?

Papag. Ja, ich liefere deiner Mutter und ihren Jungfrauen schon seit vielen Jahren alle die schönen Vögel in den Pallast. — Eben als ich im Begriff war, meine Vögel abzugeben, sah ich einen Menschen vor mir, der sich Prinz nennen läßt. — Dieser Prinz hat deine Mutter so eingenommen, daß sie ihm dein Bildniß schenkte, und ihm befahl, dich zu befreyen. — Sein Entschluß war so schnell, als seine Liebe zu dir.

Pamina. Liebe? (freudig) Er liebt mich also? O sage mir das noch einmal, ich höre das Wort Liebe gar zu gerne.

Papag. Das glaube ich dir ohne zu schwören; bist ja ein Fräulenbild. — Wo blieb ich denn?

Pamina. Bey der Liebe.

Papag. Richtig, bey der Liebe! — Das nenn ich Gedächtniß haben — Kurz also, diese große Liebe zu dir war der Peitschenstreich, um unsre Füße in schnellen Gang zu bringen; nun sind wir hier, dir tausend schöne und angenehme Sachen zu sagen; dich in unsre Arme zu nehmen, und wenn es möglich ist, eben so schnell, wo nicht schneller als hierher, in den Pallast deiner Mutter zu eilen.

Pamina. Das ist alles sehr schön gesagt; aber lieber Freund! wenn der unbekannte Jüngling oder Prinz, wie er sich nennt, Liebe für mich fühlt, warum säumt er so lange, mich von meinen Fesseln zu befreyen? —

Papag. Da steckt eben der Haken. — Wie wir von den Jungfrauen Abschied nahmen, so sagten sie uns, drey holde Knaben würden unsre Wegweiser seyn, sie würden uns belehren, wie und auf was Art wir handeln sollen.

Pamina. Sie lehrten euch?

Papag. Nichts lehrten sie uns, denn wir haben keinen gesehen. — Zur Sicherheit also war der Prinz so fein, mich voraus zu schicken, um dir unsre Ankunft anzukündigen. —

Pamina. Freund, du hast viel gewagt! — Wenn Sarastro dich hier erblicken sollte. — —

Papag. So wird mir meine Rückreise erspart — Das kann ich mir denken.

Pamina.

Pamina. Dein martervoller Tod würde ohne Grenzen seyn.

Papag. Um diesem auszuweichen, so gehen wir lieber bey Zeiten.

Pamina. Wie hoch mag wohl die Sonne seyn?

Papag. Bald gegen Mittag.

Pamina. So haben wir keine Minute zu versäumen. — Um diese Zeit kommt Sarastro gewöhnlich von der Jagd zurück.

Papag. Sarastro ist also nicht zu Hause? — Pah! da haben wir gewonnenes Spiel! — Komm, schönes Fräulenbild! du wirst Augen machen, wenn du den schönen Jüngling erblickst.

Pamina. Wohl denn! es sey gewagt! (sie gehen, Pamina kehrt um) Aber wenn dies ein Fallstrick wäre — Wenn dieser nun ein böser Geist von Sarastros Gefolge wäre? — (sieht ihn bedenklich an.)

Papag. Ich ein böser Geist? — Wo denkt ihr hin Fräulenbild? — Ich bin der beste Geist von der Welt.

Pamina. Doch nein; das Bild hier überzeugt mich, daß ich nicht getäuscht bin; Es kommt von den Händen meiner zärtlichsten Mutter.

Papag. Schön's Fräulenbild, wenn dir wieder ein so böser Verdacht aufsteigen sollte, daß ich dich betrügen wollte, so denke nur fleißig an die Liebe und jeder böse Argwohn wird schwinden.

Pamina. Freund, vergieb! vergieb! wenn ich dich beleidigte. Du hast ein gefühlvolles Herz, das sehe ich in jedem deiner Züge.

Papag.

Papag. Ach freylich hab ich ein gefühlvolles Herz — Aber was nutzt mir das alles? — Ich möchte mir oft alle meine Federn ausrupfen, wenn ich bedenke, daß Papageno noch keine Papagena hat.

Pamina. Armer Mann! du hast also noch kein Weib?

Papag. Nicht einmal ein Mädchen, vielweniger ein Weib! — Ja das ist betrübt! — — Und unser einer hat doch auch bisweilen seine lustigen Stunden, wo man gern gesellschaftliche Unterhaltung haben möchte. —

Pamina. Geduld Freund! der Himmel wird auch für dich sorgen; er wird dir eine Freundinn schicken, ehe du dir's vermuthest — —

Papag. Wenn er's nur bald schickte.

Duetto.

Pamina.
Bey Männern, welche Liebe fühlen,
Fehlt auch ein gutes Herze nicht.

Papageno.
Die süssen Triebe mit zu fühlen,
Ist dann der Weiber erste Pflicht.

Beyde.
Wir wollen uns der Liebe freu'n,
Wir leben durch die Lieb allein.

Pamina.

Pamina.

Die Lieb' versüßet jede Plage,
Ihr opfert jede Kreatur.

Papageno.

Sie würzet unsre Lebenstage,
Sie wirkt im Kreise der Natur.

Beyde.

Ihr hoher Zweck zeigt deutlich an,
Nichts edlers sey, als Weib und Mann.
Mann und Weib, und Weib und Mann
Reichen an die Götter an.

(Beyde ab.)

Funfzehnter Auftritt.

Das Theater verwandelt sich in einen Hayn. Ganz im Grunde der Bühne ist ein schöner Tempel, worauf diese Worte stehen: Tempel der Weisheit: dieser Tempel führt mit Säulen zu zwey andern Tempeln; rechts auf dem einen steht: Tempel der Vernunft. Links steht: Tempel der Natur.

Finale.

(Drey Knaben führen den Tamino herein, jeder hat einen silbernen Palmzweig in der Hand.)

Drey Knaben.

Zum Ziele führt dich diese Bahn,
Doch mußt du Jüngling! männlich siegen.
Drum höre unsre Lehre an:
Sey standhaft, duldsam und verschwiegen!

Tamino.

Ihr holden Kleinen, sagt mir an,
Ob ich Paminen retten kann.

Drey

Drey Knaben.
Dies kund zu thun, steht uns nicht an —
Sey standhaft, duldsam und verschwiegen —
Bedenke dies: kurz, sey ein Mann,
Dann Jüngling wirst du männlich siegen.

(gehen ab.)
Tamino.
Die Weisheitslehre dieser Knaben
Sey ewig mir ins Herz gegraben.
Wo bin ich nun? Was wird mit mir!
Ist dies der Sitz der Götter hier?
Es zeigen die Pforten, es zeigen die Säulen,
Daß Klugheit und Arbeit und Künste hier weilen;
Wo Thätigkeit thronet, und Müßiggang weicht,
Erhält seine Herrschaft das Laster nicht leicht.
Ich mache mich muthig zur Pforte hinein,
Die Absicht ist edel und lauter und rein.
Erzittre feiger Bösewicht!
Paminen retten ist mir Pflicht.

(Er geht an die Pforte zur rechten Seite, macht sie auf, und als er hinein will, hört man von fern eine Stimme.)

Stimme.
Zurück!
Tamino.
Zurück? so wag ich hier mein Glück.

(Er geht zur linken Pforte, eine Stimme von innen.)

Stimme.
Zurück!
Tamino.
Auch hier ruft man zurück? (sieht sich um.)
Da sehe ich noch eine Thüre!
Vielleicht find ich den Eingang hier.

(Er klopft, ein alter Priester erscheint.)

Prie-

Priester.
Wo willst du, kühner Fremdling, hin?
Was suchst du hier im Heiligthum?

Tamino.
Der Lieb und Tugend Eigenthum.

Priester.
Die Worte sind von hohem Sinn!
Allein, wie willst du diese finden?
Dich leitet Lieb und Tugend nicht,
Weil Tod und Rache dich entzünden.

Tamino.
Nur Rache für den Bösewicht.

Priester.
Den wirst du wohl bey uns nicht finden.

Tamino.
Sarastro herrscht in diesen Gründen?

Priester.
Ja, ja! Sarastro herrschet hier!

Tamino.
Doch in dem Weisheitstempel nicht!

Priester.
Er herrscht im Weisheitstempel hier.

Tamino.
So ist denn alles Heucheley! (will gehen.)

Priester.

Willst du schon wieder geh'n?

Tamino.

Ja, ich will geh'n, froh und frey,
Nie euren Tempel sehn.

Priester.

Erklär dich näher mir, dich täuschet ein Betrug.

Tamino.

Sarastro wohnet hier, das ist mir schon genug.

Priester.

Wenn du dein Leben liebst, so rede, bleibe da!
Sarastro hassest du?

Tamino.

Ich haß ihn ewig! Ja. —

Priester.

Nun gieb mir deine Gründe an.

Tamino.

Er ist ein Unmensch, ein Tyrann!

Priester.

Ist das, was du gesagt, erwiesen?

Tamino.

Durch ein unglücklich Weib bewiesen,
Die Gram und Jammer niederdrückt.

Prie-

Priester.
Ein Weib hat also dich berückt?
Ein Weib thut wenig, plaudert viel.
Du Jüngling glaubst dem Zungenspiel?
O legte doch Sarastro dir
Die Absicht seiner Handlung für.

Tamino.
Die Absicht ist nur allzu klar;
Riß nicht der Räuber ohn' Erbarmen
Paminen aus der Mutter Armen?

Priester.
Ja, Jüngling! was du sagst, ist wahr.

Tamino.
Wo ist sie, die er uns geraubt?
Man opferte vielleicht sie schon?

Priester.
Dir dieß zu sagen, theurer Sohn!
Ist jetzund mir noch nicht erlaubt.

Tamino.
Erklär dieß Räthsel, täusch mich nicht.

Priester.
Die Zunge bindet Eid und Pflicht.

Tamino.
Wann also wird die Decke schwinden?

Priester.
So bald dich führt der Freundschaft Hand
Ins Heiligthum zum ew'gen Band.
(geht ab.)

Tamino.

Tamino (allein.)

O ewige Nakt! Wann wirst du schwinden?
Wann wird das Licht mein Auge finden?

Einige Stimmen.

Bald Jüngling, oder nie!

Tamino.

Bald, sagt ihr, oder nie!
Ihr Unsichtbaren, saget mir!
Lebt denn Pamina noch?

Die Stimmen.

Pamina lebet noch!

Tamino (freudig.)

Sie lebt? ich danke euch dafür.
(Er nimmt seine Flöte heraus.)
Wenn ich doch nur im Stande wäre,
Allmächtige, zu Eurer Ehre,
Mit jedem Tone meinen Dank
Zu schildern, wie er hier entsprang!
(Aufs Herz deutend. Er spielt, sogleich kommen Thiere von allen Arten hervor, ihm zuzuhören. Er hört auf, und sie fliehen. Die Vögel pfeifen dazu.)
Wie stark ist nicht dein Zauberton,
Weil, holde Flöte, durch dein Spielen
Selbst wilde Thiere Freude fühlen.
Doch nur Pamina bleibt davon; (er spielt)
Pamina höre, höre mich!
Umsonst! (er spielt) Wo? ach! wo find ich dich?
(Er spielt, Papageno antwortet von innen mit seinem Flötchen.)
Ha das ist Papagenos Ton.
(Er spielt, Papageno antwortet.)

Tamino.

Tamino.

Vielleicht sah er Paminen schon,
Vielleicht eilt sie mit ihm zu mir!
Vielleicht führt mich der Ton zu ihr.
(eilt ab.)

Sechzehnter Auftritt.

Papageno, Pamina (ohne Fesseln.)

Beyde.

Schnelle Füße, rascher Muth,
Schützt vor Feindes List und Wuth;
Fänden wir Taminen doch!
Sonst erwischen sie uns noch.

Pamina.

Holder Jüngling!

Papageno.

Stille! stille! ich kanns besser! (er pfeift.)

Tamino.
(antwortet von innen mit seiner Flöte.)

Beyde.

Welche Freude ist wohl größer,
Freund Tamino hört uns schon;
Hieher kam der Flöten Ton,
Welch' ein Glück, wenn ich ihn finde!
Nur geschwinde! Nur geschwinde! (wollen gehen.)

Sieben-

Siebenzehnter Auftritt.

Vorige, Monostatos.

Monostatos.

Ha, hab ich euch noch erwischt!
Nur herbey mit Stahl und Eisen;
Wart, man wird euch Mores weisen.
Den Monostatos berücken!
Nur herbey mit Band und Stricken;
He, ihr Sclaven kommt herbey!
(Die Sclaven kommen mit Fesseln.)

Pamina, Papageno.

Ach nun ist's mit uns vorbey!

Papageno.

Wer viel wagt, gewinnt oft viel,
Komm du schönes Glockenspiel!
Laß die Glöckchen klingen, klingen,
Daß die Ohren ihnen singen.

(Er schlägt auf sein Instrument, sogleich singt Monostatos und die Sclaven, und gehen unter dem Gesang marschmäßig ab.)

Monostatos und Sclaven.

Das klinget so herrlich, das klinget so schön!
Tralla lala la Trallalala!
Nie hab ich so etwas gehört und geseh'n!
Trallalalala Tralla lalala. (ab.)

Papageno, Pamina.

Ha ha ha! ha ha ha!
Könnte jeder brave Mann
Solche Glöckchen finden,
Seine Feinde würden dann

Ohne

Ohne Mühe schwinden.
Und er lebte ohne sie
In der besten Harmonie.
Nur der Freundschaft Harmonie
Mildert die Beschwerden;
Ohne diese Sympathie
Ist kein Glück auf Erden.

(Ein starker Marsch mit Trompeten und Pauken fällt ein.)
(Von innen.)

Es lebe Sarastro! Sarastro lebe!

Papageno.
Was soll dies bedeuten? Ich zittre, ich bebe.

Pamina.
O Freund, nun ist's um uns gethan!
Dieß kündigt den Sarastro an.

Papageno.
O wär ich eine Maus!
Wie wollt' ich mich verstecken,
Wär ich so klein wie Schnecken,
So kröch ich in mein Haus. —
Mein Kind, was werden wir nun sprechen?

Pamina.
Die Wahrheit! sey sie auch Verbrechen.

Beyde.
Die Wahrheit ist nicht immer gut,
Weil sie den Großen wehe thut;
Doch wär sie allezeit verhaßt,
So wär mein Leben mir zur Last.

Achtzehnter Auftritt.

Ein Zug von Gefolge; zuletzt fährt Sarastro auf einem Triumphwagen heraus, der von sechs Löwen gezogen wird. Vorige.

Chorus.

Es lebe Sarastro! Sarastro soll leben!
Er ist es, dem wir uns mit Freuden ergeben!
Stets mög er des Lebens a's Weiser sich freun!
Er ist unser Abgott, dem alle sich weihn.

(Dieser Chor wird gesungen, bis Sarastro aus dem Wagen ist.)

Pamina (kniet.)

Herr, ich bin zwar Verbrecherinn!
Ich wollte deiner Macht entfliehn.
Allein die Schuld ist nicht an mir —
Der böse Mohr verlangte Liebe;
Darum, o Herr! entfloh ich dir.

Sarastro.

Steh auf, erheitre dich, o Liebe!
Denn ohne erst in dich zu dringen
Weis ich von deinem Herzen mehr:
Du liebest einen andern sehr.
Zur Liebe will ich dich nicht zwingen,
Doch geb ich dir die Freiheit nicht.

Pamina.

Mich rufet ja die Kindespflicht,
Denn meine Mutter —

Sara=

Sarastro.

Steht in meiner Macht,
Du würdest um dein Glück gebracht,
Wenn ich dich ihren Händen ließe.

Pamina.

Mir klingt der Mutternamen süße;
Sie ist es —

Sarastro.

Und ein stolzes Weib.
Ein Mann muß eure Herzen leiten,
Denn ohne ihn pflegt jedes Weib
Aus ihrem Wirkungskreis zu schreiten.

Neunzehnter Auftritt.

Monostatos, Tamino. Vorige.

Monostatos.

Nun stolzer Jüngling, nur hieher!
Hier ist Sarastro, unser Herr!

Pamina, Tamino.

Er ists! Er ists! ich glaub es kaum!
Sie ists! Sie ists! es ist kein Traum!
Es schling mein Arm sich um $\binom{\text{sie}}{\text{ihn}}$ her,
Und wenn es auch mein Ende wär.

Alle.

Was soll das heißen?

Monostatos.

Welch eine Dreistigkeit!
Gleich auseinander, das geht zu weit!
(er trennt sie.)
(Kniet.)
Dein Sclave liegt zu deinen Füßen.
Laß den verwegnen Frevler büßen.
Bedenk, wie frech der Knabe ist!
Durch dieses seltnen Vogels List
Wollt er Paminen dir entführen;
Allein ich wußt ihn auszuspüren.
Du kennst mich! — meine Wachsamkeit —

Sarastro.

Verdient, daß man ihr Lorber streut! —
He! gebt dem Ehrenmann sogleich —

Monostatos.

Schon deine Gnade macht mich reich.

Sarastro.

Nur siebensiebzig Sohlenstreich!

Monostatos (kniet)

Ach Herr! den Lohn verhoft' ich nicht.

Sarastro.

Nicht Dank! Es ist ja meine Pflicht.
(Wird fortgeführt.)

Alle.

Es lebe Sarastro, der göttliche Weise,
Er lohnet und strafet in ähnlichem Kreise.

Sarastro.
Führt diese beyden Fremdlinge
In unsern Prüfungstempel ein:
Bedecket ihre Häupter dann —
Sie müssen erst gereinigt seyn.

(Zwey bringen eine Art Sack, und bedecken die Häupter der beyden Fremden.)

Alle.
Führt diese beyden Fremdlinge
In unsern Prüfungstempel ein u. s. f.

Schlußchor.
Wenn Tugend und Gerechtigkeit
Den großen Pfad mit Ruhm bestreut;
Dann ist die Erd' ein Himmelreich,
Und Sterbliche den Göttern gleich.

Ende des ersten Aufzugs.

Zweyter Aufzug.

Erster Auftritt.

Das Theater ist ein Palmenwald; alle Bäume sind silberartig, die Blätter von Gold. 18 Sitze von Blättern; auf einem jeden Sitze steht eine Pyramide, und ein großes schwarzes Horn mit Gold gefaßt. In der Mitte ist die größte Pyramide, auch die größten Bäume. Sarastro nebst andern Priestern kommen in feyerlichen Schritten, jeder mit einem Palmzweige in der Hand. Ein Marsch mit blasenden Instrumenten begleitet den Zug.

Sarastro (nach einer Pause.)

Ihr, in dem Weisheitstempel eingeweihten Diener der großen Götter Osiris und Isis! — Mit reiner Seele erklär ich euch, daß unsre heutige Versammlung eine der wichtigsten unserer Zeit ist. — Tamino, ein Königssohn, 20 Jahre seines Alters, wandelt an der nördlichen Pforte unsers Tempels, und seufzt mit tugendvollem Herzen nach einem Gegenstande, den wir alle mit Mühe und Fleiß erringen müssen. — Kurz, dieser Jüngling will seinen nächtlichen Schleyer von sich reißen, und ins Heiligthum des größten Lichtes blicken. — Diesen Tugendhaften zu bewachen, ihm freundschaftlich die Hand zu bieten, sey heute eine unsrer wichtigsten Pflichten.

Erster Priester. (steht auf) Er besitzt Tugend?

Sarastro. Tugend!

Zweyter Priester. Auch Verschwiegenheit?

Sarastro. Verschwiegenheit!

Dritter Priester. Ist wohlthätig?

Sarastro. Wohlthätig! — Haltet ihr ihn für würdig, so folgt meinem Beyspiele. (sie blasen drey mal in die Hörner.) Gerührt über die Einigkeit eurer Herzen, dankt Sarastro euch im Namen der Menschheit. — Mag immer das Vorurtheil seinen Tadel über uns Eingeweihte auslassen! — Weisheit und Vernunft zerstückt es gleich dem Spinnengewebe. — Unsere Säulen erschüttern sie nie. Jedoch, das böse Vorurtheil soll schwinden; und es wird schwinden, sobald Tamino selbst die Größe unserer schweren Kunst besitzen wird. — Pamina, das sanfte, tugendhafte Mädchen haben die Götter dem holden Jünglinge bestimmt; dies ist der Grundstein, warum ich sie der stolzen Mutter entriß. — Das Weib dünkt sich groß zu seyn; hoft durch Blendwerk und Aberglauben das Volk zu berücken, und unsern festen Tempelbau zu zerstören. Allein, das soll sie nicht; Tamino, der holde Jüngling selbst, soll ihn mit uns befestigen, und als Eingeweihter der Tugend Lohn, dem Laster aber Strafe seyn. (der dreymahlige Accord in den Hörnern wird von allen wiederholt.)

Sprecher. (steht auf) Großer Sarastro, deine weisheitsvollen Reden erkennen und bewundern wir;

wir; allein, wird Tamino auch die harten Prüfungen, so seiner warten, bekämpfen? — Verzeih, daß ich so frey bin, dir meinen Zweifel zu eröfnen! mich bangt es um den Jüngling. Wenn nun im Schmerz dahin gesunken sein Geist ihn verließe, und er dem harten Kampfe unterläge. — Er ist Prinz!

Sarastro. Noch mehr — — Er ist Mensch!

Sprecher. Wenn er nun aber in seiner frühen Jugend leblos erblaßte?

Sarastro. Dann ist er Osiris und Isis gegeben, und wird der Götter Freuden früher fühlen, als wir. (der dreymahlige Accord wird wiederholt.) Man führe Tamino mit seinem Reisegefährten in Vorhof des Tempels ein. (zum Sprecher, der vor ihm niederkniet.) Und du, Freund! den die Götter durch uns zum Vertheidiger der Wahrheit bestimmten — vollziehe dein heiliges Amt, und lehre durch deine Weisheit beyde, was Pflicht der Menschheit sey, lehre sie die Macht der Götter erkennen.

(Sprecher geht mit einem Priester ab, alle Priester stellen sich mit ihren Palmzweigen zusammen.)

Chorus.

O Isis und Osiris, schenket
Der Weisheit Geist dem neuen Paar!
Die ihr der Wandrer Schritte lenket,
Stärkt mit Geduld sie in Gefahr —
Laßt sie der Prüfung Früchte sehen,
Doch sollten sie zu Grabe gehen,

So lohnt der Tugend kühnem Lauf,
Nehmt sie in euren Wohnsitz auf.

(Sarastro geht heraus, dann alle ihm nach ab.)

Zweyter Auftritt.

Nacht, der Donner rollt von weiten. Das Theater verwandelt sich in einen kurzen Vorhof des Tempels, wo man Rudera von eingefallenen Säulen und Pyramiden sieht, nebst einigen Dornbüschen. An beyden Seiten stehen practicable hohe altägyptische Thüren, welche mehr Seitengebäude vorstellen.

Tamino und Papageno werden vom Sprecher, und dem andern Priester hereingeführt; sie lösen ihnen die Säcke ab; die Priester gehen dann ab.

Tamino. Eine schreckliche Nacht! — Papageno, bist du noch bey mir?

Papag. J, freylich!

Tamino. Wo denkst du, daß wir uns nun befinden?

Papag. Wo? Ja wenns nicht finster wäre, wollt' ich dirs schon sagen — aber so — (Donnerschlag) O weh! —

Tamino. Was ists?

Papag. Mir wird nicht wohl bey der Sache!

Tamino. Du hast Furcht, wie ich höre.

Papag. Furcht eben nicht, nur eißkalt läufts mir über den Rücken. (starker Donnerschlag) O weh!

Tamino. Was solls?

Papag.

Papageno. Ich glaube, ich bekomme ein kleines Fieber.

Tamino. Pfui, Papageno! Sey ein Mann!

Papageno. Ich wollt' ich wär ein Mädchen! (ein sehr starker Donnerschlag.) O! O! O! Das ist mein letzter Augenblick.

Dritter Auftritt.

Sprecher, und der andere Priester mit Fackeln. Vorige.

Sprecher. Ihr Fremdlinge, was sucht oder fordert ihr von uns? Was treibt euch an, in unsre Mauern zu dringen?

Tamino. Freundschaft und Liebe.

Sprecher. Bist du bereit, es mit deinem Leben zu erkämpfen?

Tamino. Ja!

Sprecher. Auch wenn Tod dein Loos wäre?

Tamino. Ja!

Sprecher. Prinz, noch ist's Zeit zu weichen — einen Schritt weiter, und es ist zu spät. —

Tamino. Weisheitslehre sey mein Sieg; Pamina, das holde Mädchen mein Lohn.

Sprecher. Du unterziehst jeder Prüfung dich?

Tamino. Jeder?

Sprecher. Reiche deine Hand mir! — (sie reichen sich die Hände) So!

Zweyter Priester. Ehe du weiter sprichst, erlaube mir ein Paar Worte mit diesem Fremdlinge zu sprechen. — Willst auch du dir Weisheitsliebe erkämpfen?

Papageno. Kämpfen ist meine Sache nicht — Ich verlang' auch im Grunde gar keine Weisheit. Ich bin so ein Naturmensch, der sich mit Schlaf, Speise und Trank begnügt; — und wenn es ja seyn könnte, daß ich mir einmal ein schönes Weibchen fange —

Zweyter Priester. Die wirst du nie erhalten, wenn du dich nicht unsern Prüfungen unterziehst.

Papageno. Worinn besteht diese Prüfung?—

Zweyter Priester. Dich allen unsern Gesetzen unterwerfen, selbst den Tod nicht scheuen.

Papag. Ich bleibe ledig!

Sprecher. Aber wenn du dir ein tugendhaftes, schönes Mädchen erwerben könntest?

Papag. Ich bleibe ledig!

Zweyter Priester. Wenn nun aber Sarastro dir ein Mädchen aufbewahrt hätte, das an Farbe und Kleidung dir ganz gleich wäre? —

Papag. Mir gleich! Ist sie jung?

Zweyter Priester. Jung und schön!

Papag. Und heißt?

Zweyter Priester. Papagena.

Papag. Wie? — Pa — ?

Zweyter Priester. Papagena!

Papag. Papagena? — Die möcht' ich aus bloßer Neugierde sehen.

Zweyter Priester. Sehen kannst du sie! — —

Papag. Aber wenn ich sie gesehen habe, hernach muß ich sterben?

Zweyter Priester. (macht eine zweydeutige Pantomime.)

Papag. Ja? — Ich bleibe ledig!

Zweyter Priester. Sehen kannst du sie, aber bis zur verlaufenen Zeit kein Wort mit ihr sprechen; wird dein Geist so viel Standhaftigkeit besitzen, deine Zunge in Schranken zu halten?

Papag. O ja!

Zweyter Priester. Deine Hand! Du sollst sie sehen.

Sprecher. Auch dir, Prinz, legen die Götter ein heilsames Stillschweigen auf; ohne diesem seyd ihr beyde verloren. — Du wirst Pamina sehen — aber nie sie sprechen dürfen; dies ist der Anfang eurer Prüfungszeit. —

Duetto.

Bewahret euch vor Weibertücken:
Dies ist des Bundes erste Pflicht!
Manch weiser Mann ließ sich berücken,
Er fehlte und versah sichs nicht.
Verlassen sah er sich am Ende,
Vergolten seine Treu mit Hohn!

Ver-

Vergebens rang er seine Hände,
Tod und Verzweiflung war sein Lohn.
(Beyde Priester ab.)

Vierter Auftritt.

Tamino, Papageno.

Papag. He, Lichter her! Lichter her! — Das ist doch wunderlich, so oft einen die Herrn verlassen, so sieht man mit offenen Augen Nichts.

Tamino. Ertrag es mit Geduld, und denke, es ist der Götter Wille.

Fünfter Auftritt.

Die drey Damen, Vorige.
(Aus der Versenkung.)

Die drey Damen.

Quintetto.

Wie? Wie? Wie?
Ihr an diesem Schreckensort?
Nie, Nie, Nie!
Kommt ihr wieder glücklich fort!
Tamino, dir ist Tod geschworen.
Du, Papageno! bist verlohren!

Papageno.

Nein! Nein! Nein! — Das wär zu viel.

Tamino.

Tamino.

Papageno schweige still!
Willst du dein Gelübde brechen,
Nichts mit Weibern hier zu sprechen?

Papageno.

Ihr hört ja wir sind beyde —

Tamino.

Stille sag ich! — Schweige still?

Papageno.

Immer still, und immer still?

Die drey Damen.

Ganz nah ist euch die Königinn!
Sie drang in Tempel heimlich ein.

Papageno.

Wie? Was? Sie soll im Tempel seyn?

Tamino.

Stille sage ich! — Schweige still! —
Wirst du immer so vermessen,
Deiner Eides=Pflicht vergessen?

Die drey Damen.

Tamino, hör! du bist verloren!
Gedenke an die Königinn!
Man zischelt viel sich in die Ohren
Von dieser Priester falschem Sinn.

Tamino.

Tamino. (für sich.)
Ein Weiser prüft und achtet nicht,
Was der verworfne Pöbel spricht.

Die drey Damen.
Man sagt, wer ihrem Bunde schwört,
Der ist verwünscht mit Haut und Haar.

Papageno.
Das wär beym Teufel unerhört!
Sagt an, Tamino, ist das wahr?

Tamino.
Geschwätz von Weibern nachgesagt,
Von Heuchlern aber ausgedacht.

Papageno.
Doch sagt es auch die Königinn.

Tamino.
Sie ist ein Weib, hat Weibersinn.
Sey still, mein Wort sey dir genug,
Denk deiner Pflicht', und handle klug.

Die drey Damen (zu Tamino.)
Warum bist du mit uns so spröde?

Tamino (deutet bescheiden, daß er nicht sprechen darf.)

Die drey Damen.
Auch Papageno schweigt, — so rede!

Papageno.
Ich möchte gerne — Woll —

Tamino.
Still!

Papageno (heimlich.)
Ihr seht, daß ich nicht soll —

Tamino.
Still!

Tamino, Papageno.
Daß $\begin{pmatrix}\text{ich}\\\text{du}\end{pmatrix}$ nicht $\begin{pmatrix}\text{kann}\\\text{kannst}\end{pmatrix}$ das Plaudern lassen,
Ist wahrlich eine Schand' für $\begin{pmatrix}\text{mich.}\\\text{dich.}\end{pmatrix}$

Alle Fünf.
$\begin{pmatrix}\text{Wir}\\\text{Sie}\end{pmatrix}$ müssen $\begin{pmatrix}\text{sie}\\\text{uns}\end{pmatrix}$ mit Schaam verlassen:
Es plaudert keiner sicherlich!
Von festem Geiste ist ein Mann,
Er denket, was er sprechen kann.

(Die Damen wollen gehen, die Eingeweihten schreyen von innen.)

Priester.
Entweiht ist die heilige Schwelle,
Hinab mit den Weibern zur Hölle!

(Ein schrecklicher Accord mit allen Instrumenten, Donner, Blitz und Schlag: zugleich zwey starke Donner. Die Damen stürzen in die Versenkung.)

Die drey Damen.
O weh! O weh! O weh!

Papageno. (Fällt vor Schrecken zu Boden; singt, da schon alle Musik stille ist.)
O weh! O weh! O weh!

(Dann fängt der dreymalige Accord an.)

Sech-

Sechster Auftritt.

Tamino, Papageno, Sprecher, zweyter Priester (mit Fackeln.)

Sprecher. Heil dir, Jüngling! dein standhaft männliches Betragen hat gesiegt. Zwar hast du noch manch rauhen und gefährlichen Weg zu wandern, den du aber durch Hülfe der Götter glücklich endigen wirst. — Wir wollen also mit reinem Herzen unsre Wanderschaft weiter fortsetzen. — (er giebt ihm den Sack um.) So! nun komm. (ab.)

Zweyter Priester. Was seh' ich! Freund, stehe auf! wie ist dir?

Papag. Ich lieg' in einer Ohnmacht!

Zweyter Priester. Auf! Sammle dich und sey ein Mann!

Papag. (steht auf) Aber sagt mir nur, meine lieben Herren, warum muß ich denn alle die Qualen und Schrecken empfinden? — Wenn mir ja die Götter eine Papagena bestimmten, warum denn mit so vielen Gefahren sie erringen?

Zweyter Priester. Diese neugierige Frage mag deine Vernunft dir beantworten. Komm! meine Pflicht heischt dich weiter zu führen. (er giebt ihm den Sack um.)

Papag. Bey so einer ewigen Wanderschaft möcht einem wohl die Liebe auf immer vergehen. (ab.)

Siebenter Auftritt.

Das Theater verwandelt sich in einen angenehmen Garten; Bäume, die nach Art eines Hufeisens gesetzt sind; in der Mitte steht eine Laube von Blumen und Rosen, worin Pamina schläft. Der Mond beleuchtet ihr Gesicht. Ganz vorn steht eine Rasenbank. Monostatos kommt, setzt sich nach einer Pause.

Monost. Ha, da find' ich ja die spröde – Schöne! — — Und um so einer geringen Pflanze wegen wollte man meine Fußsohlen behämmern? — Also bloß dem heutigen Tage hab' ichs zu verdanken, daß ich noch mit heiler Haut auf die Erde trete. — — Hm! — Was war denn eigentlich mein Verbrechen? — daß ich mich in eine Blume vergafte, die auf fremden Boden versetzt war? — Und welcher Mensch, wenn er auch von gelinderm Himmelsstrich daher wanderte, würde bey so einem Anblick kalt und unempfindlich bleiben? — Bey allen Sternen! das Mädchen wird noch um meinen Verstand mich bringen. — Das Feuer, das in mir glimmt, wird mich noch verzehren. (Er sieht sich allenthalben um.) Wenn ich wüßte — daß ich so ganz allein, und unbelauscht wäre — ich wagte es noch einmal. (Er macht sich Wind mit beyden Händen.) Es ist doch eine verdammte närrische Sache um die Liebe! Ein Küßchen, dächte ich, ließe sich entschuldigen.

Arie.

Arie.

(Alles wird so piano gesungen und gespielt, als wenn die Musik in weiter Entfernung wäre.)

Alles fühlt der Liebe Freuden,
Schnäbelt, tändelt, herzet, küßt;
Und ich soll die Liebe meiden,
Weil ein Schwarzer häßlich ist.
Ist mir denn kein Herz gegeben?
Ich bin auch den Mädchen gut?
Immer ohne Weibchen leben,
Wäre wahrlich Höllenglut.
Drum so will ich, weil ich lebe,
Schnäbeln, küssen, zärtlich seyn!
Lieber, guter Mond — vergebe!
Eine Weiße nahm mich ein! —
Weiß ist schön! — ich muß sie küssen:
Mond! verstecke dich dazu! —
Sollt es dich zu seh'n verdrießen,
O so mach die Augen zu.

(Er schleicht langsam und leise hin.)

Achter Auftritt.

Die Königinn (kommt unter Donner aus der mittlern Versenkung, und so, daß sie gerade vor Pamina zu stehen kommt.)

Königinn. Zurücke.
Pamina. (erwacht) Ihr Götter!
Monost. (prallt zurück) O weh! — das ist — wo ich nicht irre, die Göttin der Nacht.

(Steht ganz still.)

Pamina. Mutter! Mutter! meine Mutter! —
(Sie fällt ihr in die Arme.)

Monost. Mutter? hm! das muß man von weitem belauschen. (Schleicht ab.)

Königinn. Verdank es der Gewalt, mit der man dich mir entriß, daß ich noch deine Mutter mich nenne. — Wo ist der Jüngling, den ich an dich sandte?

Pamina. Ach Mutter, der ist der Welt und den Menschen auf ewig entzogen. — Er hat sich den Eingeweihten gewidmet.

Königinn. Den Eingeweihten? — Unglückliche Tochter, nun bist du auf ewig mir entrissen. —

Pamina. Entrissen? — O fliehen wir liebe Mutter! unter deinem Schutz trotz ich jeder Gefahr.

Königinn. Schutz? Liebes Kind, deine Mutter kann dich nicht mehr schützen. — Mit deines Vaters Tod gieng meine Macht zu Grabe.

Pamina. Mein Vater —

Königinn. Uebergab freywillig den siebenfachen Sonnenkreis den Eingeweihten; diesen mächtigen Sonnenkreis trägt Sarastro auf seiner Brust. — Als ich ihn darüber beredete, so sprach er mit gefalteter Stirne: Weib! meine letzte Stunde ist da — alle Schätze, so ich allein besaß, sind dein und deiner Tochter. — Der alles verzehrende Sonnenkreis, fiel ich hastig ihm in die Rede, — ist den Geweihten bestimmt, antwortete er: —

Saras-

Sarastro wird ihn so männlich verwalten, wie ich bisher. — Und nun kein Wort weiter; forsche nicht nach Wesen, die dem weiblichen Geiste unbegreiflich sind. — Deine Pflicht ist, dich und deine Tochter, der Führung weiser Männer zu überlassen.

Pamina. Liebe Mutter, nach alle dem zu schließen, ist wohl auch der Jüngling auf immer für mich verloren.

Königinn. Verloren, wenn du nicht, eh' die Sonne die Erde färbt, ihn durch diese unterirdische Gewölber zu fliehen beredest. — Der erste Schimmer des Tages entscheidet, ob er ganz Dir oder den Eingeweihten gegeben sey.

Pamina. Liebe Mutter, dürft ich den Jüngling als Eingeweihten denn nicht auch eben so zärtlich lieben, wie ich ihn jetzt liebe? — Mein Vater selbst war ja mit diesen weisen Männern verbunden; er sprach jederzeit mit Entzücken von ihnen, preißte ihre Güte — ihren Verstand — ihre Tugend. — Sarastro ist nicht weniger tugendhaft — —

Königinn. Was hör ich! — Du meine Tochter könntest die schändlichen Gründe dieser Barbaren vertheidigen? — So einen Mann lieben, der mit meinem Todfeinde verbunden, mit jedem Augenblick mir meinen Sturz bereiten würde? — Siehst du hier diesen Stahl? — Er ist für Sarastro geschliffen. — Du wirst ihn tödten, und den mächtigen Sonnenkreis mir überliefern.

Pamina. Aber liebste Mutter!
Königinn. Kein Wort!

Arie.

Der Hölle Rache kocht in meinem Herzen,
Tod und Verzweiflung flammet um mich her!
Fühlt nicht durch dich Sarastro Todesschmerzen,
So bist du meine Tochter nimmermehr.
Verstoßen sey auf ewig und verlaßen,
Zertrümmert alle Bande der Natur,
Wenn nicht durch dich Sarastro wird erblaßen!
Hört Rache, — Götter! — Hört der Mutter Schwur.

(sie versinkt.)

Neunter Auftritt.

Pamina (mit dem Dolch in der Hand.)

Pamina. Morden soll ich? — Götter! das kann ich nicht. — Das kann ich nicht!

(Steht in Gedanken.)

Zehnter Auftritt.

Vorige, Monostatos.

Monost. (kommt schnell, heimlich, und sehr freudig) Sarastros Sonnenkreis hat also auch seine Wirkung? — Und diesen zu erhalten, soll das schöne Mädchen ihn morden? — Das ist Salz in meine Suppe!

Pamina.

Pamina. Aber schwur sie nicht bey allen Göttern, mich zu verstoßen, wenn ich den Dolch nicht gegen Sarastro kehre? — Götter! — Was soll ich nun?

Monost. Dich mir anvertrauen! (nimmt ihr den Dolch.)

Pamina. (erschrickt und schreyt) Ha!

Monost. Warum zitterst du? vor meiner schwarzen Farbe, oder vor dem ausgedachten Mord?

Pamina. (schüchtern) Du weißt also? —

Monost. Alles. — Ich weiß sogar, daß nicht nur dein, sondern auch deiner Mutter Leben in meiner Hand steht. — Ein einziges Wort sprech ich zu Sarastro, und deine Mutter wird in diesem Gewölbe in eben dem Wasser, das die Eingeweihten reinigen soll, wie man sagt, ersäuft. — Aus diesem Gewölbe kömmt sie nun sicher nicht mehr mit heiler Haut, wenn ich es will. — Du hast nur also einen Weg, dich und deine Mutter zu retten.

Pamina. Der wäre?

Monost. Mich zu lieben.

Pamina. (zitternd für sich) Götter!

Monost. (freudig) Das junge Bäumchen jagt der Sturm auf meine Seite. — Nun Mädchen! Ja, oder nein!

Pamina. (entschlossen) Nein!

Monost. (voll Zorn) Nein? und warum? weil ich die Farbe eines schwarzen Gespensts trage — Nicht?

Nicht? — Ha so stirb! (er ergreift sie bey der Hand.)

Pamina. Monostatos, sieh mich hier auf meinen Knien — schone meiner!

Monost. Liebe oder Tod! — Sprich! dein Leben steht auf der Spitze.

Pamina. Mein Herz hab ich, dem Jüngling geopfert.

Monost. Was kümmert mich dein Opfer. — Sprich! —

Pamina. (entschlossen) Nie!

Elfter Auftritt.

Vorige, Sarastro.

Monost. So fahr denn hin! (Sarastro hält ihn schnell ab.) Herr, mein Unternehmen ist nicht strafbar; man hat deinen Tod geschworen, darum wollt ich dich rächen.

Sarastro. Ich weiß nur allzuviel. — Weiß, daß deine Seele eben so schwarz als dein Gesicht ist. — — Auch würde ich dies schwarze Unternehmen mit höchster Strenge an dir bestrafen, wenn nicht ein böses Weib, das zwar eine sehr gute Tochter hat, den Dolch dazu geschmiedet hätte. Verdank es der bösen Handlung des Weibes, daß du ungestraft davon ziehst. — Geh! —

Monost.

Monost. (im Abgehen) Jetzt such' ich die Mutter auf, weil die Tochter mir nicht beschieden ist. (ab.)

Zwölfter Auftritt.

Vorige, ohne Monostatos.

Pamina. Herr, strafe meine Mutter nicht, der Schmerz über meine Abwesenheit —

Sarastro. Ich weiß alles. — Weiß, daß sie in unterirdischen Gemächern des Tempels herumirrt, und Rache über mich und die Menschheit kocht; Allein, du sollst sehen, wie ich mich an deiner Mutter räche. — Der Himmel schenke nur dem holden Jüngling Muth und Standhaftigkeit in seinem frommen Vorsatz, dann bist du mit ihm glücklich, und deine Mutter soll beschämt nach ihrer Burg zurücke kehren.

Arie.

In diesen heil'gen Hallen,
Kennt man die Rache nicht. —
Und ist ein Mensch gefallen;
Führt Liebe ihn zur Pflicht.
Dann wandelt er an Freundeshand,
Vergnügt und froh ins beß're Land.
In diesen heil'gen Mauern
Wo Mensch den Menschen liebt,
Kann kein Verräther lauern,
Weil man dem Feind vergiebt.

Wen solche Lehren nicht erfreu'n,
Verdienet nicht ein Mensch zu seyn.
(Gehen beyde ab.)

Dreyzehnter Auftritt.

Das Theater verwandelt sich in eine Halle, wo das Flugwerk gehen kann. Das Flugwerk ist mit Rosen und Blumen umgeben, wo sich sodann eine Thüre öfnet. Tamino und Papageno werden ohne Säcke von den zwey Priestern herein geführt. Ganz vorne sind zwey Rasenbänke.

Sprecher. Hier seyd ihr euch beyde allein überlassen. — Sobald die röchelnde Posaune tönt, dann nehmt ihr euren Weg dahin. — Prinz, lebt wohl! Wir sehen uns, eh' ihr ganz am Ziele seyd. — — Noch einmal, vergeßt das Wort nicht: Schweigen. — (ab.)

Zweyter Priester. Papageno, wer an diesem Ort sein Stillschweigen bricht, den strafen die Götter durch Donner und Blitz. Lebt wohl!
(ab.)

Vierzehnter Auftritt.

Tamino, Papageno.

Tamino. (setzt sich auf eine Rasenbank.)
Papag. (nach einer Pause.) Tamino!
Tamino. (verweisend) St.

Papa=

Papag. Das ist ein lustiges Leben! — Wär' ich lieber in meiner Strohhütte, oder im Walde, so hört ich doch manchmal einen Vogel pfeifen.

Tamino. (verweisend) St!

Papag. Mit mir selbst werd' ich wohl sprechen dürfen; und auch wir zwey können zusammen sprechen, wir sind ja Männer.

Tamino. (verweisend) St!

Papag. (singt) La la la — la la la! — Nicht einmal einen Tropfen Wasser bekommt man bey diesen Leuten; vielweniger sonst was. —

Funfzehnter Auftritt.

Ein altes häßliches Weib kommt aus der Versenkung, hält auf einer Tasse einen großen Becher mit Wasser.

Papag. (sieht sie lange an) Ist das für mich?

Weib. Ja, mein Engel!

Papag. (sieht sie wieder an, trinkt) Nicht mehr und nicht weniger als Wasser. — Sag du mir, unbekannte Schöne! werden alle fremde Gäste auf diese Art bewirthet?

Weib. Freylich mein Engel!

Papag. So, so! — Auf die Art werden die Fremden auch nicht gar zu häufig kommen. —

Weib. Sehr wenig.

Papag.

Papag. Kann mirs denken. — Geh Alte, setze dich her zu mir, mir ist die Zeit verdammt lange — Sag du mir, wie alt bist du denn?

Weib. Wie alt?

Papag. Ja!

Weib. 18 Jahr und 2 Minuten.

Papag. 18 Jahr und 2 Minuten?

Weib. Ja!

Papag. Ha ha ha! — Ey du junger Engel! Hast du auch einen Geliebten?

Weib. I' freylich!

Papag. Ist er auch so jung wie du?

Weib. Nicht gar, er ist um 10 Jahre älter. —

Papag. Um 10 Jahr ist er älter als du? — Das muß eine Liebe seyn! — — Wie nennt sich denn dein Liebhaber?

Weib. Papageno!

Papag. (erschrickt, Pause) Papageno? — Wo ist er denn dieser Papageno?

Weib. Da sitzt er, mein Engel!

Papag. Ich wär dein Geliebter?

Weib. Ja mein Engel!

Papag. (nimmt schnell das Wasser, und spritzt sie ins Gesicht.) Sag du mir, wie heißt du denn?

Weib. Ich heiße — (starker Donner, die Alte hinkt schnell ab.)

Papag. O weh!

Tamino. (steht auf, droht ihm mit dem Finger.)

Papag. Nun sprech ich kein Wort mehr!

Sech=

Sechzehnter Auftritt.

Die drey Knaben kommen in einem mit Rosen bedeckten Flugwerk. In der Mitte steht ein schöner gedeckter Tisch. Der eine hat die Flöte, der andere das Kästchen mit Glöckchen. Vorige.

Terzetto.

Seyd uns zum zweytenmal willkommen,
Ihr Männer, in Sarastros Reich!
Er schickt, was man euch abgenommen,
Die Flöte und die Glöckchen euch.
Wollt ihr die Speisen nicht verschmähen,
So esset, trinket froh davon!
Wenn wir zum drittenmal uns sehen,
Ist Freude eures Muthes Lohn!
Tamino Muth! Nah ist das Ziel,
Du, Papageno, schweige still.

(Unter dem Terzett setzen sie den Tisch in die Mitte, und fliegen auf.)

Siebzehnter Auftritt.

Tamino, Papageno.

Papag. Tamino, wollen wir nicht speisen? — —

Tamino. (bläst auf seiner Flöte.)

Papag. Blase du nur fort auf deiner Flöte, ich will meine Brocken blasen. — Herr Sarastro führt eine gute Küche. — Auf die Art, ja da will ich schon schweigen, wenn ich immer solche gute Bissen bekomme. (er trinkt) Nun ich will sehen,

hen, ob auch der Keller so gut bestellt ist. — Ha! — Das ist Götterwein! — (die Flöte schweigt.)

Achtzehnter Auftritt.

Pamina, Vorige.

Pamina. (freudig) Du hier? — Gütige Götter! Dank euch, daß ihr mich diesen Weg führtet. — Ich hörte deine Flöte — und so lief ich pfeilschnell dem Tone nach. — Aber du bist traurig? — Sprichst nicht eine Silbe mit deiner Pamina?

Tamino. (seufzt) Ach! (winkt ihr fortzugehen.)

Pamina. Wie? ich soll dich meiden? liebst du mich nicht mehr?

Tamino. (seufzt) Ah! (winkt wieder fort.)

Pamina. Ich soll fliehen, ohne zu wissen, warum? — Tamino, holder Jüngling! hab ich dich beleidigt? — O kränke mein Herz nicht noch mehr. — Bey dir such ich Trost — Hülfe — und du kannst mein liebevolles Herz noch mehr kränken? — Liebst du mich nicht mehr?

Tamino. (seufzt.)

Pamina. Papageno, sage du mir, sag, was ist meinem Freund?

Papag. (hat einen Brocken in dem Mund, hält mit beyden Händen die Speisen zu, winkt fortzugehen.)

Pamina.

Pamina. Wie? auch du? — Erkläre mir wenigstens die Ursache eures Stillschweigens. ——

Papag. St! (er deutet ihr fortzugehen.)

Pamina. O das ist mehr als Kränkung — mehr als Tod! (Pause.) Liebster, einziger Tamino! —

Arie.

Ach ich fühls, es ist verschwunden —
Ewig hin der Liebe Glück!
Nimmer kommt ihr, Wonnestunden,
Meinem Herzen mehr zurück.
Sieh Tamino, diese Thränen
Fließen, Trauter, dir allein.
Fühlst du nicht der Liebe Sehnen,
So wird Ruh im Tode seyn. (ab.)

Neunzehnter Auftritt.

Tamino, Papageno.

Papag. (ißt hastig) Nicht wahr Tamino, ich kann auch schweigen, wenns seyn muß. — Ja, bey so einem Unternehmen da bin ich Mann. — (er trinkt) Der Herr Koch, und der Herr Kellermeister sollen leben. —

(Dreymaliger Posaunenton.)

Tamino. (winkt Papageno, daß er gehen soll.)

Papag. Gehe du nur voraus, ich komm schon nach.

Tamino. (will ihn mit Gewalt fortführen.)

Papag. Der Stärkere bleibt da!

Tamino. (droht ihm, und geht rechts ab; ist aber links gekommen.)

Papag. Jetzt will ich mirs erst recht wohl seyn lassen. — Da ich in meinem besten Appetit bin, soll ich gehen. — Das laß' ich wohl bleiben. — Ich gieng' jetzt nicht fort, und wenn Herr Sarastro seine sechs Löwen an mich spannte. (die Löwen kommen heraus, er erschrickt.) O Barmherzigkeit, ihr gütigen Götter! — Tamino, rette mich! die Herren Löwen machen eine Mahlzeit aus mir. — — (Tamino bläst eine Flöte, kommt schnell zurück; die Löwen gehen hinein.)

Tamino. (winkt ihm.)

Papag. Ich gehe schon! heiß du mich einen Schelmen, wenn ich dir nicht in allem folge. (dreymaliger Posaunenton) Das geht uns an. — Wir kommen schon. — Aber hör einmal, Tamino, was wird denn noch alles mit uns werden?

Tamino. (deutet gen Himmel.)

Papag. Die Götter soll ich fragen?

Tamino. (deutet ja.)

Papag. Ja die könnten uns freylich mehr sagen, als wir wissen! (dreymaliger Posaunenton.)

Tamino. (reißt ihn mit Gewalt fort.)

Papag. Eile nur nicht so, wir kommen noch immer zeitig genug, um uns braten zu lassen.

Zwanzig-

Zwanzigster Auftritt.

Das Theater verwandelt sich in das Gewölbe von Pyramiden. Sprecher, und einige Priester. Zwey Priester tragen eine beleuchtete Pyramide auf Schultern; jeder Priester hat eine transparente Pyramide, in der Größe einer Laterne, in der Hand.

Chor.

O Isis und Osiris, welche Wonne!
Die düstre Nacht verscheucht der Glanz der Sonne.
Bald fühlt der edle Jüngling neues Leben;
Bald ist er unserm Dienste ganz gegeben.
Sein Geist ist kühn, sein Herz ist rein,
Bald wird er unser würdig seyn.

Ein und zwanzigster Auftritt.

Tamino, (der hereingeführt wird). Vorige.

Sarastro. Prinz, dein Betragen war bis hieher männlich und gelassen; nun hast du noch zwey gefährliche Wege zu wandern. — Schlägt dein Herz noch eben so warm für Pamina — und wünschest du einst als ein weiser Fürst zu regieren, so mögen die Götter dich ferner begleiten. — Deine Hand — man bringe Paminen!

(Eine Stille herrscht bey allen Priestern, Pamina wird mit eben diesem Sack, welcher die Eingeweihten bedeckt, hereingeführt, Sarastro löst die Bande am Sacke auf.)

Pamina. Wo bin ich? — Welch eine fürchterliche Stille! — Saget, wo ist mein Jüngling? —

Sarast. Er wartet deiner, um dir das letzte Lebewohl zu sagen.

Pamina. Das letzte Lebewohl! — O wo ist er? — Führe mich zu ihm! —

Sarast. Hier! —

Pamina. Tamino!

Tamino. Zurück.

Terzett.

Sarastro, Pamina, Tamino.

Pamina.
Soll ich dich, Theurer! nicht mehr seh'n?

Sarastro.
Ihr werdet froh euch wieder seh'n!

Pamina.
Dein warten tödtliche Gefahren!

Sarastro und Tamino.
Die Götter mögen $\binom{\text{ihn}}{\text{mich}}$ bewahren? —

Pamina.
Du wirst dem Tode nicht entgehen;
Mir flüstert Ahndung dieses ein!

Sarastro und Pamine.

Der Götter Wille mag geschehen;
Ihr Wink soll $\binom{ihm}{mir}$ Gesetze seyn! —

Pamina.

O liebtest du, wie ich dich liebe,
Du würdest nicht so ruhig seyn! —

Sarastro und Tamino.

Glaub mir, $\binom{\text{er fühlet}}{\text{ich fühle}}$ gleiche Triebe,
$\binom{\text{Wird}}{\text{Werd'}}$ ewig dein Getreuer seyn!

Sarastro.

Die Stunde schlägt, nun müßt ihr scheiden:
Tamino muß nun wieder fort!

Tamino und Pamina.

Wie bitter sind der Trennung Leiden!
(Pamina ich muß wirklich fort!
(Tamino muß nun wirklich fort!

Sarastro.

Nun muß er fort!

Tamino.

Nun muß ich fort!

Pamina.

So mußt du fort! —

Tamine.

Pamina, lebe wohl!

Pamina.

Pamina.
Tamino, lebe wohl!

Sarastro.
Nun eile fort!
Dich ruft dein Wort.

Sarastro und Tamino.
Die Stunde schlägt! wir seh'n uns wieder!

Pamina.
Ach, goldene Ruhe, kehre wieder!
(entfernen sich.)

Zwey und zwanzigster Auftritt.
Papageno.

Papageno. (von außen) Tamino! Tamino! willst du mich denn gänzlich verlassen? (er sicht herein) Wenn ich nur wenigstens wüßte, wo ich wäre — Tamino! — Tamino! — So lang' ich lebe, bleib' ich nicht mehr von dir — — nur diesmal verlaß mich armen Reisegefährten nicht! (er kommt an die Thüre, wo Tamino abgeführt worden ist.)

Eine Stimme ruft: Zurück! (dann ein Donnerschlag; das Feuer schlägt zur Thüre heraus; starker Accord.)

Papag. Barmherzige Götter! — Wo wend ich mich hin? — Wenn ich nur wüßte, wo ich herein kam. (er kommt an die Thüre, wo er herein kam.)

Die Stimme. Zurück! (Donner, Feuer und Accord wie oben.

Papag.

Papag. Nun kann ich weder zurück, noch vorwärts! (weint). Muß vielleicht am Ende gar verhungern. — Schon recht! — Warum bin ich mitgereist.

Drey und zwanzigster Auftritt.

Sprecher (mit seiner Pyramide.) Vorige.

Sprecher. Mensch! du hättest verdient, auf immer in finstern Klüften der Erde zu wandern; — die gütigen Götter aber entlassen der Strafe dich. — Dafür aber wirst du das himmlische Vergnügen der Eingeweihten nie fühlen.

Papag. Je nun, es giebt ja noch mehr Leute meines Gleichen. — Mir wäre jetzt ein gut Glas Wein das größte Vergnügen.

Sprecher. Sonst hast du keinen Wunsch in dieser Welt?

Papag. Bis jetzt nicht.

Sprecher. Man wird dich damit bedienen! — (ab.)
(Sogleich kommt ein großer Becher, mit rothen Wein angefüllt, aus der Erde.)

Papag. Juchhe! da ist er ja schon! — (trinkt). Herrlich! — Himmlisch! — Göttlich! — Ha! ich bin jetzt so vergnügt, daß ich bis zur Sonne fliegen wollte, wenn ich Flügel hätte. — Ha — mir wird ganz wunderlich ums Herz. — Ich möch= te — ich wünschte — ja was denn!

E 5   Arie.

Arie.

(Er schlägt dazu)

Ein Mädchen oder Weibchen
Wünscht Papageno sich!
O so ein sanftes Täubchen
Wär' Seligkeit für mich! —
Dann schmeckte mir Trinken und Essen;
Dann könnt' ich mit Fürsten mich messen,
Des Lebens als Weiser mich freu'n,
Und wie im Elysium seyn.
Ein Mädchen oder Weibchen
Wünscht Papageno sich!
O so ein sanftes Täubchen
Wär' Seligkeit für mich!
Ach kann ich denn keiner von allen
Den reizenden Mädchen gefallen?
Helf' eine mir nur aus der Noth,
Sonst gräm' ich mich wahrlich zu Tod'.
Ein Mädchen oder Weibchen
Wünscht Papageno sich!
O so ein sanftes Täubchen
Wär' Seligkeit für mich!
Wird keine mir Liebe gewähren,
So muß mich die Flamme verzehren!
Doch küßt mich ein weiblicher Mund,
So bin ich schon wieder gesund.

Vier und zwanzigster Auftritt.

Die Alte (tanzend; und auf ihren Stock dabey sich stützend.)

Vorige.

Weib. Da bin ich schon, mein Engel!
Papag. Du hast dich meiner erbarmt?
Weib.

Weib. Ja, mein Engel!

Papag. Das ist ein Glück!

Weib. Und wenn du mir versprichst, mir ewig treu zu bleiben, dann sollst du sehen, wie zärtlich dein Weibchen dich lieben wird.

Papag. Ey du zärtliches Närrchen!

Weib. O wie will ich dich umarmen, dich liebkosen, dich an mein Herz drücken!

Papag. Auch ans Herz drücken!

Weib. Komm, reiche mir zum Pfand unsers Bundes deine Hand.

Papag. Nur nicht so hastig, lieber Engel! — So ein Bündniß braucht doch auch seine Ueberlegung.

Weib. Papageno, ich rathe dir, zaudre nicht. — Deine Hand, oder du bist auf immer hier eingekerkert.

Papag. Eingekerkert?

Weib. Wasser und Brod wird deine tägliche Kost seyn. — Ohne Freund, ohne Freundinn mußt du leben, und der Welt auf immer entsagen. —

Papag. Wasser trinken? — Der Welt entsagen? — Nein, da will ich doch lieber eine Alte nehmen, als gar keine. — Nun, da hast du meine Hand, mit der Versicherung, daß ich dir immer getreu bleibe, (für sich) so lang' ich keine schönere sehe.

Weib. Das schwörst du?

Papag. Ja, das schwör' ich!

Weib.

Weib. (verwandelt sich in ein junges Weib, welche eben so gekleidet ist, wie Papageno.)

Papag. Pa — Pa — Papagena! — (er will sie umarmen.)

Fünf und zwanzigster Auftritt.

Sprecher (nimmt sie hastig bey der Hand.)

Vorige.

Sprecher. Fort mit dir, junges Weib! er ist deiner noch nicht würdig! (er schleppt sie hinein, Papageno will nach) Zurück, sag ich! oder zittre. —

Papag. Eh' ich mich zurück ziehe, soll die Erde mich verschlingen. (er sinkt hinab.) O ihr Götter!

Sechs und zwanzigster Auftritt.

Das Theater verwandelt sich in einen kurzen Garten, Die drey Knaben fahren herunter.

Finale.

Bald prangt, den Morgen zu verkünden,
Die Sonn' auf goldner Bahn, —
Bald soll der finstre Irrwahn schwinden;
Bald siegt der weise Mann. —
O holde Ruhe, steig hernieder;
Kehr in der Menschen Herzen wieder;
Dann ist die Erd' ein Himmelreich,
Und Sterbliche den Göttern gleich. —

Erster

Erster Knabe.
Doch seht, Verzweiflung quält Paminen!

Zweyter und dritter Knabe.
Wo ist sie denn?

Erster Knabe.
Sie ist von Sinnen!

Zweyter und dritter Knabe.
Sie quält verschmähter Liebe Leiden.
Laßt uns der Armen Trost bereiten!
Fürwahr, ihr Schicksal geht mir nah!
O wäre nur ihr Jüngling da!
Sie kommt, laßt uns beyseite geh'n,
Damit wir, was sie mache, seh'n.
(gehen beyseite.)

Sieben und zwanzigster Auftritt.
Pamina (halb wahnwitzig mit einem Dolch in der Hand.)
Vorige.

Pamina (zum Dolch.)
Du also bist mein Bräutigam?
Durch dich vollend' ich meinen Gram. —

Die drey Knaben (beyseite.)
Welch' dunkle Worte sprach sie da?
Die Arme ist dem Wahnsinn nah.

Pamina.
Geduld, mein Trauter! ich bin dein!
Bald werden wir vermählet seyn.

Die drey Knaben (Beyseite.)

Wahnsinn tobt ihr im Gehirne;
Selbstmord steht auf ihrer Stirne.
(Zu Paminen.)
Holdes Mädchen, sieh uns an!

Pamina.

Sterben will ich, weil der Mann,
Den ich nimmermehr kann hassen,
Seine Traute kann verlassen.
(auf den Dolch zeigend.)
Dies gab meine Mutter mir.

Die drey Knaben.

Selbstmord strafet Gott an dir.

Pamina.

Lieber durch dies Eisen sterben,
Als durch Liebesgram verderben.
Mutter, durch dich leide ich,
Und dein Fluch verfolget mich.

Die drey Knaben.

Mädchen, willst du mit uns gehen?

Pamina.

Ja des Jammers Maas ist voll!
Falscher Jüngling, lebe wohl!
Sieh Pamina stirbt durch dich;
Dieses Eisen tödte mich.
(Sie holt mit der Hand aus.)

Die

Die drey Knaben (halten ihr den Arm.)

Ha, Unglückliche! halt ein;
Sollte dies dein Jüngling sehen,
Würde er für Gram vergehen:
Denn er liebet dich allein.

Pamina (erholt sich.)

Was? Er fühlte Gegenliebe,
Und verbarg mir seine Triebe;
Wandte sein Gesicht von mir?
Warum sprach er nicht mit mir?

Die drey Knaben.

Dieses müssen wir verschweigen!
Doch wir wollen dir ihn zeigen,
Und du wirst mit Staunen seh'n,
Daß er dir sein Herz geweiht,
Und den Tod für dich nicht scheut.

Pamina, und die drey Knaben.

(Führt mich hin, ich möcht ihn seh'n.
(Komm, wir wollen zu ihm geh'n.

Alle Vier.

Zwey Herzen, die vor Liebe brennen,
Kann Menschenohnmacht niemals trennen.
Verloren ist der Feinde Müh;
Die Götter selbsten schützen sie.

(gehen ab.)

Acht und zwanzigster Auftritt.

Das Theater verwandelt sich in zwey große Berge; In dem einen ist ein Wasserfall, worin man sausen und brausen hört; der andre speyt Feuer aus; jeder Berg hat ein durchbrochnes Gegitter, worin man Feuer und Wasser sieht; da, wo das Feuer brennt, muß der Horizont hellroth seyn, und wo das Wasser ist, liegt schwarzer Nebel. Die Scenen sind Felsen, jede Scene schließt sich mit einer eisernen Thüre. Tamino ist leicht angezogen ohne Sandalien. Zwey schwarz geharnischte Männer führen Tamino herein. Auf ihren Helmen brennt Feuer, sie lesen ihm die transparente Schrift vor, welche auf einer Pyramide geschrieben steht. Diese Pyramide steht in der Mitte ganz in der Höhe nahe am Gegitter.

Zwey Männer.

Der, welcher wandert diese Straße voll Beschwerden,
Wird rein durch Feuer, Wasser, Luft und Erden;
Wenn er des Todes Schrecken überwinden kann,
Schwingt er sich aus der Erde Himmel an. —
Erleuchtet wird er dann im Stande seyn,
Sich den Mysterien der Isis ganz zu weih'n.

Tamino.

Mich schreckt kein Tod, als Mann zu handeln, —
Den Weg der Tugend fort zu wandeln.
Schließt mir des Schreckens Pforten auf!

Pamina (von innen.)

Tamino, halt, ich muß dich seh'n.

Tamino

Tamino und die Geharnischten.

Was höre ich, Paminens Stimme?
Ja, ja, das ist Paminens Stimme!
Wohl $\binom{\text{mir}}{\text{dir}}$ nun kann sie mit $\binom{\text{mir}}{\text{dir}}$ gehn.
Nun trennet $\binom{\text{uns}}{\text{euch}}$ kein Schicksal mehr,
Wenn euch der Tod beschieden wär.

Tamino.
Ist mir erlaubt, mit ihr zu sprechen.

Geharnischte.
Dir sey erlaubt, mit ihr zu sprechen.
Welch Glück, wenn wir $\binom{\text{uns}}{\text{euch}}$ wieder sehn,
Froh Hand in Hand in Tempel gehn.
Ein Weib, das Nacht und Tod nicht scheut,
Ist würdig, und wird eingeweiht.
(Die Thüre wird aufgemacht: Tamino, Pamina umarmen sich.)

Pamina.
Tamino mein! O welch ein Glück! ⎫
Tamino.   ⎬ Pause.
Pamina mein! O welch ein Glück! ⎭

Tamino.
Hier sind die Schreckenspforten,
Die Noth und Tod mir dräun.

Pamina.
Ich werde aller Orten
An deiner Seite seyn.

Ich selbsten führe dich;
Die Liebe leite mich!
                    (nimmt ihn bey der Hand.)
Sie mag den Weg mit Rosen streu'n,
Weil Rosen stets bey Dornen seyn.
Spiel du die Zauberflöte an;
Sie schütze uns auf unsrer Bahn:
Es schnitt in einer Zauberstunde
Mein Vater sie aus tiefstem Grunde
Der tausendjähr'gen Eiche aus
Bey Blitz und Donner, Sturm und Braus.

Tamino, Pamina.

Nun komm, (ich/und) spiel' die Flöte an.

Zwey Geharnischte.

Sie leitet (uns/euch) auf grauser Bahn.

Wir wandeln) durch des Todes Macht
Ihr wandelt)
Froh durch des Todes düstre Nacht.

(Die Thüren werden nach ihnen zugeschlagen; man sieht Tamino und Pamina wandern; man hört Feuergeprassel, und Windesgeheul, manchmal auch den Ton eines dumpfen Donners, und Wassergeräusch. Tamino bläst seine Flöte; gedämpfte Pauken accompagniren manchmal darunter. Sobald sie vom Feuer heraus kommen, umarmen sie sich, und bleiben in der Mitte.)

Pamina.

Wir wandelten durch Feuergluthen,
Bekämpften muthig die Gefahr.
                    (zu Tamino.)
Dein Ton sey Schutz in Wasserfluthen,
So wie er es im Feuer war.

(Tamino bläst; man sieht sie hinunter steigen, und nach einiger Zeit wieder herauf kommen; sogleich öffnet sich eine Thüre; man sieht einen Eingang in einen Tempel, welcher hell beleuchtet ist.

Eine

Eine feyerliche Stille. Dieser Anblick muß den vollkommensten Glanz darstellen. Sogleich fällt der Chor unter Trompeten und Pauken ein. Zuvor aber)

Tamino, Pamina.

Ihr Götter, welch ein Augenblick!
Gewähret ist uns Isis Glück.

Chor.

Triumpf, Triumpf! du edles Paar!
Besieget hast du die Gefahr!
Der Isis Weihe ist nun dein!
Kommt, tretet in den Tempel ein! (alle ab.)

Neun und zwanzigster Auftritt.

Das Theater verwandelt sich wieder in vorigen Garten.

Papageno (ruft mit seinem Pfeifchen.)

Papagena! Papagena! Papagena!
Weibchen! Täubchen! meine Schöne!
Vergebens! Ach sie ist verloren!
Ich bin zum Unglück schon geboren.
Ich plauderte, — und das war schlecht,
Darum geschieht es mir schon recht.
Seit ich gekostet diesen Wein —
Seit ich das schöne Weibchen sah —
So brennts im Herzenskämmerlein,
So zwickt es hier, so zwickt es da.
Papagena! Herzenstäubchen!
Papagena! liebes Weibchen!
'S ist umsonst! Es ist vergebens!
Müde bin ich meines Lebens!
Sterben macht der Lieb ein End',
Wenns im Herzen noch so brennt.
(nimmt einen Strick von seiner Mitte.)

Diesen Baum da will ich zieren,
Mir an ihm den Hals zuschnüren,
Weil das Leben mir mißfällt.
Gute Nacht, du schwarze Welt!
Weil du böse an mir handelst,
Mir kein schönes Kind zubandelst,
So ists aus, so sterbe ich!
Schöne Mädchen denkt an mich.
Will sich eine um mich Armen,
Eh' ich hänge, noch erbarmen,
Wohl, so laß ichs diesmal seyn.
Rufet nur — ja, oder nein!
Keine hört mich; alles stille!

(sieht sich um.)

Also ist es euer Wille?
Papageno frisch hinauf!
Ende deines Lebens Lauf.

(sieht sich um.)

Nun ich warte noch; es sey
Bis man zählet: Eins, zwey, drey!

(pfeift.)

Eins! (sieht sich um.)

(pfeift.)

Zwey! (sieht sich um.)
Zwey ist schon vorbey!

(pfeift.)

Drey! (sieht sich um)
Nun wohlan, es bleibt dabey,
Weil mich nichts zurücke hält!
Gute Nacht, du falsche Welt! (will sich hängen.)

Drey Knaben (fahren herunter.)

Halt ein, o Papageno! und sey klug.
Man lebt nur einmal, dies sey dir genug.

Papageno.

Papageno.

Ihr habt gut reden, habt gut scherzen;
Doch brennt' es euch, wie mich im Herzen,
Ihr würdet auch nach Mädchen geh'n.

Drey Knaben.

So lasse deine Glöckchen klingen;
Dies wird dein Weibchen zu dir bringen.

Papageno.

Ich Narr vergaß der Zauberdinge.
Erklinge Glockenspiel, erklinge!
Ich muß mein liebes Mädchen seh'n.
Klinget, Glöckchen, klinget!
Schafft mein Mädchen her!
Klinget, Glöckchen, klinget!
Bringt mein Weibchen her!

(Unter diesem Schlagen laufen die drey Knaben zu ihrem Flugwerk, und bringen das Weib heraus.)

Drey Knaben.

Komm her, du holdes, liebes Weibchen!
Dem Mann sollst du dein Herzchen weihn!
Er wird dich lieben, süßes Weibchen,
Dein Vater, Freund, und Bruder seyn!
Sey dieses Mannes Eigenthum!
(im Auffahren.)
Nun, Papageno, sieh dich um!

(Papageno sieht sich um; beyde haben unter dem Ritornell komisches Spiel.)

Papageno.

Duetto.

Pa — Pa — Pa — Pa — Pa — Pa — Papagena!

Weib.

Pa — Pa — Pa — Pa — Pa — Pa — Papageno.

Beyde.

Pa — Pa — Pa — Pa — Pa — Pa — (Papagena!
(Papageno!

Papageno.

Bist du mir nun ganz gegeben?

Weib.

Nun bin ich dir ganz gegeben.

Papageno.

Nun so sey mein liebes Weibchen!

Weib.

Nun so sey mein Herzenstäubchen!

Beyde.

Welche Freude wird das seyn,
Wenn die Götter uns bedenken,
Unsrer Liebe Kinder schenken,
So liebe kleine Kinderlein.

Papageno

Papageno.

Erst einen kleinen Papageno.

Weib.

Dann eine kleine Papagena.

Papageno.

Dann wieder einen Papageno.

Weib.

Dann wieder eine Papagena.

Beyde.

Es ist das höchste der Gefühle,
Wenn viele, viele, viele, viele,
Pa, pa, pa, pa, pa, pa, geno
Pa, pa, pa, pa, pa, pa, gena
Der Segen froher Aeltern seyn;
Wenn dann die Kleinen um sie spielen,
Die Aeltern gleiche Freude fühlen,
Sich ihres Ebenbildes freun.
O welch ein Glück kann grösser seyn?

(beyde ab.)

Dreyßigster Auftritt.

Der Mohr, die Königinn mit allen ihren Damen, kommen von beyden Versenkungen; sie tragen schwarze Fackeln in der Hand.

Mohr.

Nur stille! stille! stille! stille!
Bald bringen wir im Tempel ein.

Alle Weiber.

Nur stille! stille! stille! stille!
Bald bringen wir im Tempel ein.

Mohr.

Doch, Fürstinn, halte Wort! — Erfülle —,
Dein Kind muß meine Gattinn seyn.

Königinn.

Ich halte Wort, es ist mein Wille.

Alle Weiber.

(Mein / Ihr) Kind soll deine Gattin seyn.
(Man hört dumpfen Donner, Geräusch und Wasser.)

Mohr.

Doch still, ich höre schrecklich rauschen,
Wie Donnerton und Wasserfall.

Königinn.

Königinn, Damen.

Ja, fürchterlich ist dieses Rauschen,
Wie fernen Donners Wiederhall!

Mohr.

Nun sind sie in des Tempels Hallen.

Alle.

Dort wollen wir sie überfallen, —
Die Frömmler tilgen von der Erd
Mit Feuersgluth und mächt'gem Schwerd.
Dir, große Königinn der Nacht,
Sey unsrer Rache Opfer gebracht.

(Man hört den stärksten Accord, Donner, Blitz, Sturm. Sogleich verwandelt sich das ganze Theater in eine Sonne. Sarastro steht erhöht; Tamino, Pamina, beyde in priesterlicher Kleidung. Neben ihnen die ägyptischen Priester auf beyden Seiten. Die drey Knaben halten Blumen.)

Mohr, Königinn.

Zerschmettert, zernichtet ist unsre Macht,
Wir alle gestürzet in ewige Nacht.

(sie versinken.)

Sarastro.

Die Strahlen der Sonne vertreiben die Nacht,
Zernichten der Heuchler erschlichene Macht.

Chor

Chor von Priestern.

Heil sey euch Geweihten! Ihr drangt durch die Nacht,
Dank sey dir, Osiris und Isis, gebracht!
Es siegte die Stärke, und krönet zum Lohn
Die Schönheit und Weisheit mit ewiger Kron'.

Ende des zweyten und letzten Aufzugs.